Rösler

Medien-Wirkungen

EINSTIEGE 14

Grundbegriffe der Sozialphilosophie und Gesellschaftstheorie

Redaktion: H.G. Thien

Carsten Rösler, Diplom-Soziologe und Doktorand am Institut für Methodologie des Fachbereichs Gesellschaftswissenschaften an der Johann Wolfgang Goethe-Universität in Frankfurt am Main.

Carsten Rösler

Medien-Wirkungen

WESTFÄLISCHES DAMPFBOOT

Bibliografische Information der Deutschen Bibliothek
Die Deutsche Bibliothek verzeichnet diese Publikation in der DeutschenNationalbibliografie; detaillierte bibliografische Daten sind im Internet über http://dnb.ddb.de abrufbar.

1. Auflage Münster 2004

Umschlag: Lütke-Fahle-Seifert
Druck: Fuldaer Verlagsagentur
Gedruckt auf säurefreiem Papier.
ISBN 3-89691-687-4

Inhalt

Für Edith und Günter

Einleitung und Begriffsbestimmungen

Mit der Verbreitung medialer Massenkommunikation steigt der Erklärungsbedarf in Fragen ihrer Wirkung. Aber was heißt hier eigentlich Medienwirkung? Wie weit reicht der Einfluss von Massenmedien auf unser Weltbild?

Die Folgen der bloßen Existenz eines Medienangebots für die Gesellschaft stehen schon länger auf dem Prüfstand: „Granted, for a moment, that the mass media play a comparatively minor role in society, why are they the object of so much popular concern and criticism? Why do so many become exercised by the „problems“ of the radio and film and press and so few by problems of, say, the automobile and the airplane?“ (so Lazarsfeld/Merton 1948; 99). Die Intensität unserer medialen Umgebung nimmt mit dem technischen Fortschritt zu. Doch die Auswirkungen dieser Medienpräsenz scheinen bislang kaum geklärt.

Das Phänomen der (Medien)Wirkung wird als Konstituens der Kommunikationsforschung behandelt: „[...] Kommunikationsforschung bezieht ihre Existenzberechtigung als Disziplin vor allem daraus, dass - und insofern als - die mit den Massenmedien assoziierte Frage nach den Bedingungen von Wirkungen massenkommunikativer Prozesse im Zentrum des Forschungsinteresses steht“ (Renckstorf 1998; 12). Wie wirkt also eine kommunizierte Botschaft? Lässt sich Wirkung überhaupt a priori annehmen und als wenn-dann-Kausalität untersuchen? Ist das Publikum gegen Manipulationen durch Medieneffekte weitgehend machtlos, oder entstehen Wirkungen vielmehr, wenn Rezipienten die Medienbotschaften aktiv aufnehmen und verwenden? Einerseits untersucht die Forschung Medien mit ihren Kommunikationsabsichten und Wirkungen auf Publika, andererseits die Nutzungs- und Handlungsmuster von Rezipienten im Umgang mit Medienbotschaften. Für den zweiten Fall wäre Wirkung besser als symbolische Aneignung zu beschreiben. Oder lässt sich doch ein Mittelweg annehmen und mit Wechselwirkungen oder komplexer formulieren?

Die Mediensoziologie hat Medieneffekte in einem gesamtgesellschaftlichen Kontext zu betrachten. Eine fundierte gesellschaftstheoretische Anbindung ist jedoch bislang nur ansatzweise gefunden. Sie wurde für dieses Forschungsgebiet als Voraussetzung für weniger auftragsgebundene und verwertungsorientierte

Erkenntnisse immer wieder gefordert (vgl. Riedel 1990; 467ff/ Stiehler 1996; 233f). Ein Problem ist dabei die metatheoretische Grundlage der traditionellen Wirkungsforschung bis in die 1980er Jahre: Der kritische Rationalismus nach Sir Karl Raimund Popper bestimmte die Theoriebildung. Mit dem kontrollierten Experiment werden eindeutige empirische Nachweise für Wirkungskonzepte gesucht, obwohl die Schwierigkeiten mit den Randbedingungen sozialer Kontext und nicht-rationales Handeln der Rezipienten bekannt sind (vgl. Merten et al. 1992; 35f). Qualitative Methoden der rekonstruktiven Analyse sind auf dem Weg dazu, sich in wirkungstheoretischen Fragen zu etablieren. Sie gehen allerdings nicht explizit von Wirkungen, sondern von Medienrezeption als sozialem Handeln aus.

Kulturkritik äußert sich in der Annahme wachsender negativer Einflüsse der medienvermittelten Inhalte mit lauter Stimme zum Normen- und Werteverständnis der Mediengesellschaft. Den Warnungen vor dem unausweichlichen Werteverfall steht mit den British Cultural Studies ein handlungstheoretischer Zugang zur Medienkommunikation gegenüber. Auch in Anlehnung an die Kulturkritik Max Horkheimers und Theodor W. Adornos wird der Umgang mit kulturellen Symbolen als Möglichkeit der Selbstdarstellung begriffen. Horkheimer und Adorno sahen in der industriellen Produktion von Kulturwaren und dem ideologischen Instrument Vergnügen zentrale Kennzeichen der massenmedialen Kommunikation: „Lichtspiele und Rundfunk brauchen sich nicht mehr als Kunst auszugeben. Die Wahrheit, dass sie nichts anderes sind als Geschäft, verwenden sie als Ideologie, die den Schund legitimieren soll, den sie vorsätzlich herstellen. Sie nennen sich selbst Industrien, und die publizierten Einkommensziffern ihrer Generaldirektoren schlagen den Zweifel an der gesellschaftlichen Notwendigkeit der Fertigprodukte nieder." (so Horkheimer/ Adorno 1996; 129). Unter dem Eindruck von Kriegspropaganda und Hollywood entstand dieser Begriff von Kulturindustrie, die als Reproduktionshelfer der Herrschaftsverhältnisse über gesellschaftliche Zwänge täuscht und für die entsprechenden Vorbilder sorgt. Diese Sichtweise muss im Zusammenhang mit gegenwärtigen Verflechtungen von Medien und Gesellschaft durchaus nicht als unzeitgemäß abgetan werden (vgl. Steinert 1998; 29).

Die Entwicklungen in der Mediensoziologie weisen auf Schwierigkeiten mit dem Wirkungsbegriff hin, der von Publikumsseite als Rezeptionshandeln oder symbolische Aneignung von

Medieninhalten zu beschreiben ist. In oft vorherrschenden Meinungsbildern verdummen Fernsehen und Boulevardpresse ihr Publikum. Die Werbung setzt uns Ideale technischen Fortschritts, perfekter Körperlichkeit und heiler Welt vor, die uns angesichts der grauen Wirklichkeit frustrieren müssen. Und wer zu viele Horror- und Actionstreifen sieht, der stumpft am Ende ab oder wird gewaltbereit. So klingen geläufige Überzeugungen zu den Folgen von Medienkonsum. Aber es könnte sich dabei auch um Vorurteile handeln.

Wenn also von Medienwirkungen oder Effekten der Massenkommunikation die Rede ist, inwieweit sind dazu wissenschaftlich gesicherte Ergebnisse verfügbar?

Begriffsbestimmungen

Massenbegriff

Soziologisch und psychologisch wird eine Masse als konkrete und überschaubare Menge von Menschen beschrieben, die über gemeinsames Handeln oder gemeinsame Werthaltungen bzw. soziale Orientierungen zu mobilisieren ist. Sie kann aus einem großen Bevölkerungsanteil bestehen, eine Mehrheit bilden und z.B. an nivellierenden Sozialstrukturen erkennbar werden. Ein solches Kollektiv zeichnet sich nach Gustave Le Bon durch folgende Eigenschaften aus (vgl. ders. 1982; 15ff):

- Der Einzelne erlebt ein Gefühl unbeschränkter Macht und der Verantwortungslosigkeit
- Triebhaftigkeit der Massenmenschen tritt in den Vordergrund
- Einzelne nehmen die Belange der Masse als ihre eigenen an
- In der Masse wird der Einzelne fügsam und leicht beeinflussbar

Massenmenschen sind vorrangig triebgesteuert und unterliegen der „seelischen Einheit der Massen" (so Le Bon 1982; 12). Sie sind leicht manipulierbar. Die Eigenständigkeit einzelner wird von der Masse gewissermaßen aufgesaugt. Werte und Normen verlieren an gemeinschaftsstiftender Bedeutung, die Masse als sozialer Verband benötigt Macht- und Gewaltmomente für ihren Zusammenhalt (vgl. Geiger 1967; 39). Besonders Anonymität und Machtgefühl in der Massensituation beeinträchtigen die Urteilskraft des einzelnen: „Die Masse ist unfähig, das Persönliche vom Sachlichen zu unterscheiden. Sie nimmt die Bilder, die in ihrem Bewußtsein auftauchen und sehr oft nur entfernte

Ähnlichkeit mit der beobachteten Tatsache haben, für Wirklichkeit" (Le Bon 1982; 23). Als Le Bon diese Gedanken 1885 formulierte, gab es allerdings noch keine massenhafte Verbreitung von Radio und Fernsehen. Die Massen waren noch nicht virtuell zu einem Programm oder einer Sendung vor Empfängergeräten „versammelt", sondern eher auf öffentlichen Plätzen und Versammlungsorten anzutreffen.

Massenpublika der elektronischen Medien werden heute von den gleichen Botschaften erreicht, befinden sich jedoch in individuell verschiedenen Umfeldern und situativen Begebenheiten. Technische Entwicklungen ermöglichen also die massenhafte Verbreitung von Botschaften zunehmend; das massenhaft-gemeinsame Aufnehmen dieser Botschaften ist jedoch überflüssig. Die Bezeichnung „Masse" ist deshalb in Verbindung mit den Medien gebräuchlich - Massenmedien werden als zentrales Strukturmerkmal moderner Gesellschaften gesehen (vgl. Pratsch 1988; 2).

Die aktuellere Rezipienten- und Publikumsforschung erkundet individuelle Merkmale des Verhaltens: Wie nutzen Einzelne das Medienangebot? Welches Vorwissen und welche Einstellungen bringen sie mit? Die „Masse Publikum" erscheint dabei als soziales Umfeld der Rezipienten, in dem Austausch über Medienthemen stattfindet (z.B. Großmann 1999).

Medienbegriff

Das Wort stammt etymologisch von der lateinischen Bezeichnung für „Mitte" ab. Es bedeutet „Mittel" oder „Mittelglied", „Mittler(in)", „vermittelndes Element" oder in den Naturwissenschaften etwa Träger von Schallwellen. Als weitere Bedeutungen werden „Einrichtung für die Vermittlung von Kulturgütern, insbesondere eines der Massenmedien Film, Funk Fernsehen, Presse" und „Unterrichts(hilfs)mittel, das der Vermittlung von Information und Bildung dient" angegeben; zudem bezeichnet das Wort ein „für die Werbung benutztes Kommunikationsmittel, Werbeträger" (Duden 1990; 488).

In der Massenkommunikation dienen die Medien als technische und organisatorische Infrastruktur, für welche drei Kategorien angeführt werden können (vgl. Hunziker 1988; 15):

Mit *primären* Medien sind Darstellungsmittel wie verbale und nonverbale Verständigung mittels Mimik und Gestik im zwischenmenschlichen Kontakt gemeint. Diese Kategorie beschreibt also direkte persönliche Interaktion zweier oder mehrerer Menschen.

Sekundäre Medien werden technisch hergestellt. Sie dienen der Übertragung von Zeichen; den Adressaten sind sie ohne technische Hilfsmittel zugänglich. Zeitungen, Bücher und z. B. Morse- oder Flaggensignale fallen unter diese Kategorie.

Tertiäre Medien verwenden Technik zur Produktion, Übertragung und sie benötigen sie auch zum Empfang der Botschaften. Radio, Telefon und Fernsehen können hier eingeordnet werden. Auch Mobiltelefonie mit verschiedenen Services sowie Computer und deren Vernetzung gehören in diesen Kontext. Zur Übermittlung von Inhalten und digitalen Daten bedienen sich die so genannten „neuen Medien“ der Elektronik und Leitertechnologien hoch entwickelter Standards. Da Massenmedien zur Produktion und Verbreitung von Botschaften entsprechende Technologien benötigen, sind sie der sekundären, neue (Massen) Medien der tertiären Gruppe zuzuordnen.

Zum Begriff der Medienwirkung

Der Soziologe James D. Halloran von der Universität Leicester leitete 1963 das „Television Research Comittee“. Im Auftrag des britischen Innenministeriums gingen 18 Wissenschaftler der Erforschung von Wirkungen des Fernsehens besonders auf Jugendliche nach.

Halloran und Kollegen konstatierten zum Untersuchungsgegenstand: „Das Problem als ganzes ist zweifellos schwierig; die Wirkungen der Kommunikation können zahlreich und vielfältig sein, sie können auf verschiedenen Ebenen und in verschiedenen Stärken auftreten, sie können sich in verschiedener Weise manifestieren oder latent bleiben, und sie können von verschiedenen Aspekten der Aussage und verschiedenen Teilen des Kommunikationsprozesses herrühren“ (Halloran 1966; 15). Schon die häufige Verwendung des Wortes „verschieden“ zeigt die Ausdehnung eines Blickwinkels, der zur adäquaten Erfassung aller Wirkungsfaktoren und -dimensionen erforderlich wäre; der damit angedeutete Gegenstandsumriss der Wirkungsforschung in den Sozialwissenschaften weist auf ihre Vielseitigkeit hin.

In Verbindung mit Medienwirkungen werden vorrangig Veränderungen auf der Rezipientenseite analysiert. Von diesen Veränderungen sind Wissen, Einstellungen und Handeln betroffen;

emotionale Wirkungen und solche im psychologischen Tiefenbereich werden ebenso wie gesellschaftliche Folgen beobachtbar (dazu z.B. Schenk 1987; 34ff).

Gerhard Maletzke erkannte Medienwirkung als untrennbar mit der Position des Publikums verknüpft: „Sobald der Mensch im Rahmen der Massenkommunikation die Rolle des Rezipienten übernimmt, vollziehen sich bei ihm zahlreiche Verhaltens- und Erlebensprozesse, die ohne die Existenz der Massenkommunikation und ohne seine Rolle als Rezipient nicht zustande kämen. Diese durch Massenkommunikation 'bewirkten' Prozesse werden in der anglo-amerikanischen Literatur meist als 'effects' [...] bezeichnet. Von den deutschen Wörtern hat sich sehr eindeutig der Begriff 'Wirkungen' durchgesetzt" (Maletzke 1963; 189).

Klaus Merten wies 1986 für das Presse- und Informationsamt der deutschen Bundesregierung auf die Praxisbezüge der Wirkungsforschung hin: „Theoretische Begründungen sind noch keine Garantie für praktische Wirksamkeit, so dass die Wirkungsforschung bis zum zweiten Weltkrieg eine fast ballistisch gehandhabte Wirkungsforschung der Massenmedien blieb. Die Wirksamkeit der informellen Kommunikation, die infolge ihres durch die Massenmedien bedingten Funktionswandels eher zu- als abgenommen hat, wurde vernachlässigt." (Merten 1986; 111). Mit der Anspielung auf Gesetze der Ballistik ist ein forschungsleitendes Wirkungskonzept der ersten Hälfte des 20. Jh. angesprochen; zu dieser Zeit untersuchte man Effekte der Massenkommunikation ähnlich der Aufprallwirkung von Geschossen auf ein deformierbares Ziel namens Publikum.

Die Folgen massenkommunikativer Vorgänge erscheinen selten in harmlosem Aufzug. Ob es am Glauben an übermächtige Massenmedien liegt, an der Annahme eines labilen und sogar ausgelieferten Publikums oder am Zweifel an der Widerlegbarkeit von Behauptungen unterschwelliger Zugriffe auf das Unterbewusste: bevor eine Medienwirkung hieb- und stichfest nachgewiesen oder nur beobachtet werden kann, ist sie nicht selten schon als bedenklich oder gefährlich vorverurteilt. Ein Vergleich von Winfried Schulz überspitzt das angenommene Gefahrenpotential: „Medienwirkung ist eine Gefahr für die Gesundheit - wenn nicht für die somatische, so doch für die mentale. Medienwirkung ist etwas Pathologisches, sie erinnert an Drogenwirkung und an die krebserregende Wirkung von Schadstoffen in unserer Umwelt. Nicht von ungefähr spielt der Begriff 'Wirkung' als wissenschaftliche

Kategorie in der Pharmakologie und in der Krebsforschung eine ähnliche Rolle wie in der Medienforschung. In anderen Wissenschaften hat er dagegen keine nennenswerte Bedeutung" (so Schulz 1985; 49).

Wirkungen, die man bei Einzelnen experimentell nachweist, lassen sich kaum für ein breites Publikum vereinheitlichen oder von vornherein abschätzen und steuern. Darin könnten die Vermutungen gefährlicher Medieneffekte ihren Ursprung haben: wenn Wirkungen a priori nicht eindeutig bestimmbar sind, verbergen sich vielleicht unkalkulierbare Gefahrenpotentiale dahinter. Vorsichtige und distanzierte Haltung gegenüber solchen pauschalisierenden, negativ belegten Beurteilungen des Wirkungsphänomens wäre demnach angebracht. Aber welche Wirkungen werden eigentlich wissenschaftlich angenommen bis vorausgesetzt? Bereits Max Weber erkannte, dass Wirkungen der Massenkommunikation via Printmedien nicht ausbleiben können (vgl. Weber 1988; 441).

Bei der Beschäftigung von Kommunikation und ihren Wirkungen ist eine Besonderheit hervorzuheben, die das Problem nicht gerade entschärft: Der Philosoph und Sprachwissenschaftler Paul Watzlawick et al. haben sich mit der Unmöglichkeit des Nicht-Kommunizierens befasst.

Als Kommunikation bezeichnen sie eine einzelne Mitteilung wie auch eine Abfolge wechselseitiger Mitteilungen zwischen zwei oder mehr Personen. Mit der zusätzlichen Grundannahme, „dass das 'Material' jeglicher Kommunikation keineswegs nur Worte sind, sondern auch alle paralinguistischen Phänomene [...] - kurz, Verhalten jeder Art" (Watzlawick et al. 1969; 50f) zeigen sie, dass zu Verhalten kein Gegenteil existiert. Allen Verhaltensweisen wird in der zwischenmenschlichen Interaktion Bedeutung zugemessen, d.h. „Man kann sich nicht *nicht* (kursiv i. Orig., C.R.) verhalten" (so dies. ebd.; 51). In Gegenwart anderer muss sich jeder Mensch verhalten und kommunizieren, ob er will oder nicht. Dieser Zwang ist übertragbar auf die Medienkommunikation, auch wenn es sich dabei um einseitig-indirekte und weniger um direkt-interpersonelle Kontakte im engen Sinn handelt.

Mediale Massenkommunikation produziert, enthält und verbreitet Mitteilungen in Form von Information und Unterhaltung als ihr Material - damit erfüllt sie ihre Bestimmung. Sie will beeinflussen und wirken, schließlich könnte sie mit Watzlawick auch gar nicht anders. Hier stellt sich das Wirkungsproblem nur um so nachdrücklicher dar: Wenn Kommunikation immer beeinflusst und wirkt, dann wäre die Frage „Was wirkt wie bei wem?" umso dringender zu klären. Nach der Prämisse von Watzlawick et al. gilt für alles Handeln wie Nichthandeln, d.h. auch für Passivität, der Charakter einer Mitteilung: „Sie beeinflussen andere, und diese können ihrerseits nicht *nicht* (kursiv i. Orig., C.R.) auf diese Kommunikation reagieren und kommunizieren damit selbst" (Watzlawick et al. 1969; 51). Eine nicht erwiderte Begrüßung des Nachbarn kann nachhaltigeren Eindruck hinterlassen als der gewohnte kurze Wortwechsel mit ihm. Kommunikation und Wirkung sind demnach nicht zu trennen; Wirkungsforschung hätte den Auftrag, sie zumindest zu erklären.

1. Zur Geschichte der Wirkungsforschung

1.1 Analyse von Kommunikation und ihrer Wirkung seit den Sophisten

Wirkungsforschung gibt es als wissenschaftliche Disziplin nicht erst seit der hoch technisierten Neuzeit mit ihren Massenmedien. Sie lässt sich bis zur Entwicklung der Rhetorik im antiken Griechenland zurückverfolgen. Schon die Sophisten (griech. sophistes = Meister, Künstler) galten als Lehrer der Rede- und Unterredungskunst, die sie mit dem Hang zur prinzipiellen Überlegenheit im Diskurs bis zur Scheinweisheit trieben. Aber worin besteht diese Kunst der Rede und Unterredung - wenn nicht darin, den oder die Gegenüber möglichst gekonnt hinter das nächstbeste Licht zu führen? Der Sophist Gorgias (483-375 v.Chr.) verfasste ein erstes Handbuch der Rhetorik, auf das auch Platon in einem seiner Dialoge Bezug nahm (dazu Schischkoff 1965; 508; 555f). Ganz allgemein wird Rhetorik bis heute als Energie verstanden, die in Gefühlen sowie Gedanken enthalten ist und mit Hilfe eines Zeichensystems an andere übermittelt wird, um deren Entscheidungen oder Handlungen zu beeinflussen (vgl. Kennedy 1991; 7).

Aristoteles (384-322 v.Chr.) beschäftigte sich mit verschiedenen Formen der Redekunst. Er kannte die Rede vor Publikum in öffentlichen Belangen, die Rhetorik in der Literatur und die der privaten Kommunikation. Bürgerliche Redekunst bezog er auf Beratungen zwecks zukünftigem Handeln im Interesse des Staates (der Politeia) und auf Gerichtsreden zur Verteidigung oder Überführung von Angeklagten. Aristoteles beschäftigte sich auch mit Reden, die nicht auf eine direkt erwartete Handlung des Publikums abzielen, sondern z.B. bei Festakten zu Ehren von Personen oder in zeremoniellem Kontext gehalten werden. Aus dieser Rhetorik entstand mit der Unterscheidung von Kategorien und Benennung verschiedener Techniken ein Konzept der Redekunst, das in verschriftlichter Form nun auch an Interessierte weitergegeben werden konnte (vgl. Kennedy 1991; 8).

Aristoteles' Rhetorik beabsichtigte eine Überzeugung des Publikums, „die nicht allein auf dem urteilenden Verstand, sondern zudem auf der Übereinstimmung in gemeinsamen oder als richtig akzeptierten Grundhaltungen zum Lebensvollzug und zugleich auf affektiven Dispositionen gründet" (so Wörner 1990; 22). Er führte drei Überzeugungsmittel (griech. pisteis) an: der Charakter (griech. êthos) beinhaltet Eigenschaften wie Klugheit, Tugend und Wohlwollen, welche den Redner zur Glaubwürdigkeit verpflichten. Zudem sollen die Leidenschaften (griech. pathê) eingesetzt werden, womit der Rhetor in seinem Publikum Entrüstung, Geringschätzung, Liebe und Hass oder Furcht und Zuversicht erwecken kann. Schließlich ist Rhetorik im Aristotelischen Sinne für Themenbereiche gedacht, in denen nicht nur eine Bestätigung notwendiger Aussagen erfolgen oder ein Beweis erbracht werden soll. Sie kann sich in Fragen als nützlich erweisen, die der Beratung bedürfen (griech. logoi = Argumente), weil sie auf mehrere Arten zu beantworten sind (dazu Höffe 1996; 59ff). Zu den Möglichkeiten der Überzeugung untersucht Aristoteles auch die praktisch-psychologischen, ethischen und politischen Bedingungen, anhand derer das Urteil der Zuhörerschaft gefordert und ihre Zustimmung erlangt werden kann (so ders. a.a.O.).

Die Kunst der Rede hatte nach Aristoteles dem Grundsatz zu folgen, dass der Redner sich der Kraft der Überzeugung nach allgemeinen Regeln und Gesetzmäßigkeiten von Beziehungen und ihren Voraussetzungen bediente. Zudem sollte er sich am Gegenstand der Rede und am Auffassungsvermögen der Adressaten orientieren. Die Wirkung war bei einem speziellen Publikum zu erzielen, „denn nicht *der* (kursiv i. Orig., C.R.) Mensch wird überzeugt, sondern eine bestimmte Hörerschaft" (Wörner 1990; 45). Aristoteles sah für jedermann die Möglichkeit gegeben, sich in der Redekunst zu üben - nicht nur zum Verfassen eigener Reden und als Anleitung zu überzeugendem Auftreten, sondern auch zur Bewertung jeder Art von Diskurs nach den betreffenden Regeln (vgl. Kennedy 1991; 309).

Merten et al. stellen fest, dass die Aristotelische Rhetorik auf einem Wirkungsmodell basiert, welches im 20. Jh. als Stimulus-Response-Modell (auch S->R oder Reiz-Reaktions-Modell) bezeichnet wird und „bindend davon ausgeht, dass ein Stimulus, sofern nur adäquat formuliert, auch die entsprechende Wirkung haben **müsse**" (fett i. Orig., C.R./Merten et al. 1992; 32). Eine Jahrtausende anhaltende „Wirkung" des gesamten Aristotelischen Denkens auf die Nachwelt lässt sich in Belangen der Bildung und Ausbildung, des Glaubens und Wissens für verschiedene, teilweise opponierende Auffassungen über Epochen hinweg zeigen (dazu Ritsert 1988; 10). Auch für die Wirkungsforschung gilt das mitunter bis heute.

Spätere Rhetoriker wie Cicero (106-43 v.Chr.) und Quintilian (35-86 n.Chr.) entwickelten die Redekunst weiter. Zuerst beschrieb Quintilian vier Teile des Kommunikationsprozesses: Kommunikator (persona), Situation (locus tempus), Kanal (instrumentum) und Aussage (factum) Diese Komponenten griffen Wirkungsforscher später erneut auf; seit Quintilians „Vierteilung" des Kommunikationsprozesses nahm eine arbeitsteilige Spezialisierung in der Kommunikations- und Wirkungsforschung ihren Lauf und Teilgebiete der Forschung widmen sich zunehmend kleineren Einzelabschnitten des Gegenstands.

Bis zum Aufkommen der Massenmedien betrieb man Wirkungsforschung nur im Rahmen der Rhetorik (Merten et al. 1992; 39). Ihr Aufgabenfeld erfuhr dann mit technischen Entwicklungen wie der massenhaften Verbreitung gedruckter Bücher und Zeitungen eine deutliche Erweiterung. Mit Geschichte und Wesen der Zeitung beschäftigte sich die zeitungskundliche Literatur seit etwa 1650 n.Chr. Die Medienwissenschaft gehörte von Beginn an, in Deutschland seit 1945 zunächst als Publizistikwissenschaft, zum sozialwissenschaftlichen Bereich (vgl. Joußen 1990; 60f/Haake 1970; 39). Zum Ende des 17. Jh. zählte man in Deutschland mindestens 70 Zeitungen, 100 Jahre später hatte sich ihre Zahl verdreifacht und im ausgehenden 19. Jh. gab es über 3000 „Blätter". Zu Beginn des 20. Jh. wurden bereits über 5000 Titel registriert. (dazu Wilke 1986; 22f) Im Vergleich zu den Rhetoren erreichen die heutigen Massenmedien seit ihrer Etablierung nicht mehr nur ein überschau- und einschätzbares Publikum. Sie sind nun für eine große, öffentliche und massenhafte Menschenmenge bestimmt.

Die Wirkungsforschung an gedruckten Texten in Periodika und Büchern befasste sich im 18. und 19. Jh. mit spektakulären Fällen. So wurde in einigen europäischen Städten wie Leipzig, Mailand und Kopenhagen gegen Ende des 18. Jh. die Ausgabe von Goethes „Die Leiden des jungen Werther" untersagt. Als Begründung gaben die Behörden die Gefahr von Nachahmungstaten an: viele Suizide sollen derzeit, ganz nach Art des „Werther", mit Pistole und in gelb-blauer Kleidung verübt worden sein. Ähnliches kam bei einer Untersuchung der Morde von „Jack the Ripper" in England zum Ende des 19. Jh. zu Tage. Gabriel Tarde ging dort mehreren Verbrechen entlang der Telegraphenlinien nach, über welche die Kunde von den Gräueltaten des Serienmörders verbreitet wurde. In der englischen Provinz stieß Tarde auf Nachahmungen der Verbrechen des „Ripper“, die jeweils mit einigem Zeitabstand nach diesem Vorbild begangen wurden (vgl. Brosius 1997; 9f).

1.2 Frühe Soziologen und Massenmedien

Im ausgehenden 19. Jh. und zu Beginn des 20. Jh. waren Emile Durkheim und Max Weber „Gründer bzw. Mitherausgeber von Fachzeitschriften, die in sehr erheblichem Maße den sozialwissenschaftlichen Diskurs [...] förderten und auf diese Weise mit zur Gestalt der französischen und deutschen Soziologie dieser Phase beigetragen haben“ (so Joußen 1990; 121). Gemeinsam mit Werner Sombart arbeitete Weber ab 1904 in der Redaktion der Zeitschrift „Archiv für Sozialwissenschaft und Sozialpolitik“ (Weber 1992; XXI). Emile Durkheim war 1897 einer der Gründer der französischen Zeitschrift „L'Année sociologique“ und blieb bis in den ersten Weltkrieg hinein ihr Mitherausgeber (dazu Giddens 1978; 18ff). Als Zeitgenosse Webers und Durkheims engagierte sich auch Georg Simmel früh für die Anerkennung der Soziologie als eigenständige Wissenschaft; von der Universität Freiburg wurde ihm 1911 als dem „Begründer der Wissenschaft der Soziologie“ ein staatswissenschaftliches Ehrendoktorat verliehen. Simmel publizierte in der Absicht, die Soziologie gegenüber der Geschichtswissenschaft und Philosophie zu behaupten, in französischen und amerikanischen Fachzeitschriften, um den fachlichen Austausch voranzubringen (vgl. Weiß 1988; 39f).

Mit der Wirkung von Medien befasste sich jedoch kaum einer dieser frühen Soziologen ausführlich. Eine „*systematische* (kursiv i. Orig., C.R.) und ausführliche Erörterung der Funktions- und Wirkungsweise der modernen Massenkommunikation“ (Joußen 1990; 120) haben sie nicht oder nur im Ansatz geleistet. Max Weber setzte sich in seiner Rede von 1910 auf dem ersten Deutschen Soziologentag in Frankfurt nur kurz, aber ausdrücklich mit dem Problem der Medienwirkung auseinander. Er wollte nicht näher auf „die Größe der allgemeinen Bedeutung der Presse“ eingehen, um „den Verdacht der Schmeichelei gegenüber den Herren Pressevertretern“ (so Weber 1988; 434) zu vermeiden.

Die Aufgaben der soziologischen Forschung sah Weber vorrangig in der Erkundung der „Machtverhältnisse [...], welche die spezifische Zeitungspublizität schafft." (Weber 1988; 435). Er bezog dabei auch das gesellschaftliche Ansehen des Journalistenberufes mit in die Überlegungen ein, mit dem die Glaubwürdigkeit der Medienberichte verbunden ist. Während in Frankreich unter den Ministern viele ehemalige Journalisten zu finden seien und das englische Oberhaus manche Presse- und Zeitungsgeschäftsleute aus dem Verlagswesen aufgenommen hätte, könne man dies für Deutschland im internationalen Vergleich kaum behaupten (vgl. ebd.; 439f).

Weber betrachtete die Presse als kapitalistische Unternehmen, deren steigender Kapitalbedarf auf monopolistische Tendenzen verweise. Erkennbar vorsichtig vermutete er einen Zusammenhang zwischen der Finanzkraft einer Zeitung und ihrer Beziehung zur Leserschaft: „Bedeutet dieses wachsende stehende Kapital auch steigende Macht, nach eigenem Ermessen die öffentliche Meinung zu prägen? Oder umgekehrt [...] wachsende Empfindlichkeit des einzelnen Unternehmens gegenüber der öffentlichen Meinung?" (so Weber 1988; 437).

Einige Studien zur Wirkung von Zeitungen lagen zu dieser Zeit bereits vor. Weber ging damit merklich distanziert um. Er näherte sich der Medienwirkung der Presse unter folgenden Forschungsvorgaben: „Was trägt sie (die Presse, C.R.) zur Prägung des modernen Menschen bei? Zweitens: Wie werden die überindividuellen Kulturgüter beeinflusst, was wird an ihnen verschoben, was wird an Massenglauben, an Massenhoffnungen vernichtet und neu geschaffen, an „Lebensgefühl" - wie man heute sagt -, an möglicher Stellungnahme für immer vernichtet und neu geschaffen?" (so ders. 1988; 441).

Das Verständnis Webers von der Komplexität des Gegenstands erinnert an eine Form des Reiz-Reaktions-Modells. Weber spricht von der Gewöhnung des Probanden, „[...] ehe er an seine Tagesarbeit geht, ein Ragout zu sich zu nehmen, welches ihm eine Art von Chassieren durch alle Gebiete des Kulturlebens, von der Politik angefangen bis zum Theater und allen möglichen Dingen, aufzwingt. Dass das nicht gleichgültig ist, liegt auf der Hand. Es lässt sich auch sehr wohl und leicht einiges Allgemeine darüber sagen [...] Aber so ganz einfach ist das Problem doch nicht über die allereinfachsten Stadien hinauszubringen." (Weber 1988; 440). Demnach ist der Zeitungsleser einer Art Zwang des Mediums und seiner Inhalte ausgesetzt, denn was er im Blatt lesen kann, wird eben von der Zeitung vorgegeben: Leser bekommen die Jagd nach den Themen aufgezwungen. Die präzisere Beschreibung eines Wirkungsvorgangs ist bei Weber leider nicht zu finden. Er deutete aber bereits an, dass eine Wirkung nicht ausbleiben kann und brachte sie mit der Prägung der Menschen, mit Kulturgütern, Massenglauben und Lebensgefühl in Verbindung.

1.3 Beginn der Medienwirkungsforschung in USA

1.3.1 Die Durchschlagskraft magischer Geschosse

Als Grundlage aller Theoriebildung in der Medienwirkungsforschung wird das Reiz-Reaktions-Modell angeführt (dazu Schenk 1987; 10). Hinter dem S->R-Schema steht eine richtungweisende Vorstellung des Kommunikationsablaufs; sie bestimmt Forschungsstrategien als Leitmotive der Theoriebildung. Mit Hans-Bernd Brosius lässt sich die Medienwirkungsforschung der vergangenen 60 Jahre in drei Metatheorien der Wirkung (vgl. Brosius 1997; 13) fassen.

Das erste metatheoretische Konzept gilt als eines der starken Medienwirkungen. Es wird „magic bullet"- oder „hypodermic needle"-Ansatz genannt. Magische Kugel und hyperdermische Nadel stehen hier für eine Vorstellung von der Wirkungsweise der Medien, die in Wissenschaft, Politik und Wirtschaft bis in die 50er Jahre vorherrschte. „Prior at that time it was assumed that a given individual's behaviour was governed to a considerable extent by inherited biological mechanisms of some complexity intervened between the stimuli and the responses. Consequently, basic human nature was thought to be fairly *uniform* (kursiv i. Orig., C.R.) from one human being to another" (DeFleur/Ball-Rokeach 1989; 164f). Nach dem Stand psychologischer Erkenntnis wurde das Verhalten der Rezipienten also hauptsächlich von erblichen biologischen Mechanismen gesteuert. Man versuchte, diese Naturvorgaben für Propaganda und Werbung zu nutzen und kombinierte Ergebnisse der psychoanalytischen Forschung mit Aspekten soziologischer Theorie der Massengesellschaft: „Given a view of a uniform basic human nature, with a stress upon nonrational processes, plus a view of the social order as a mass society, the magic bullet theory, based on instinctive S->R mechanisms and the belief that the media were powerful devices, seemed entirely valid: It stated that powerful stimuli were uniformly brought to the attention of the individual members of the mass. These stimuli tapped inner urges, emotions, or other processes over which the individual had little voluntary control. Because of the inherited nature of these mechanisms, each person responded more or less uniformly." (DeFleur/Ball-Rokeach 1989; 165). Das Publikum der Massenmedien sollte über homogene innerpsychische Vorgänge, Bedürfnisse und Reaktionen erreicht werden, welche die Rezipienten dieser Theorie zufolge selbst kaum kontrollieren können.

Nach dem Konzept der Massengesellschaft sind ihre Mitglieder keinem starken Kontrolldruck in Form von Bräuchen und Traditionen ausgesetzt. Daraus wurde eine intensive, direkte und gleichmäßige Wirkungsweise der Medien gefolgert (Lowery/DeFleur 1988; 21f). Die Masse Publikum wäre nach der magic bullet-Theorie also nicht nur wegen ihrer natürlichen Voraussetzungen homogen, sondern sie tendiert ebenso zu starker Vereinzelung und sozialer Kontaktarmut. Ihre ausgeprägte Homogenität lässt sie zum scheinbar kalkulier- und manipulierbaren Ziel beabsichtigter Wirkungen, zur einheitlichen Zielscheibe werden: „At that time, the audience was typically thought of as a sitting target: if a communicator could hit it, he would affect it [...]. I have elsewhere called this Bullet Theory of Communication" (Schramm/Roberts 1972; 8).

Nach den Propagandatheorien aus der Zeit der beiden Weltkriege mehrten sich kritische Stimmen bezüglich der Manipulierbarkeit des Publikums. Der Psychologe W. Philips Davison warnte noch 1959 davor, das Publikum als beliebig formbaren Tonklumpen zu behandeln: „The communicator's audience is not a passive recipient - it cannot be regarded as a lump of clay to be molded by the master propagandist" (Davison 1959; 360).

Ein zweites metatheoretisches Konzept geht von schwachen Medienwirkungen aus. Rezipienten werden in diesem Ansatz als aktive Teilnehmer der Kommunikation gesehen, die Medieninhalte entsprechend eigener Erfahrungen und Einstellungen nutzen (vgl. Brosius 1997; 11). Als eine Folge dieser selektiven Mediennutzung wurde beobachtet, dass bereits bestehende Einstellungen im Publikum gefestigt und gestärkt werden, während man Meinungsumschwünge kaum registrieren konnte. Joseph T. Klapper führte 1960 zahlreiche Studien an, mit denen er diese „reinforcement"- oder Verstärker-These untermauerte (dazu Klapper 1960; 15ff).

In den 1970er Jahren etablierte sich die Metatheorie der selektiven Medienwirkungen. Sie bezieht sich weniger auf die grundsätzliche Frage nach der Existenz und Nachweisbarkeit von Medieneffekten als vielmehr auf die Bedingungen seitens der Medien wie auch der Rezipienten, unter denen Medienwirkung analysiert werden kann. Welche Ursachen bedingen welche Wirkung? „Es ist also von der Art der Botschaft, der Art der Präsentation, den Voreinstellungen der Rezipienten und den zeitlichen Umständen abhängig, ob eine Wirkung auftritt oder nicht" (Brosius 1997; 16f). Das völlige Ausbleiben von Wirkung ist mit Paul Watzlawick et al. zu bezweifeln; keine erkennbare Reaktion wäre gemäß der Unmöglichkeit von Nicht-Kommunikation auch als Wirkung zu sehen (dies. 1969; 51).

Wenn Rezipienten mit für sie relevanten Medien und Inhalten konfrontiert werden, dann wenden sie sich diesen Inhalten zu. Eine Möglichkeit zur Feststellung von Wirkungen im Rahmen der Metatheorie der selektiven Medienwirkungen ist also jede Situation, in der sich ein Publikum einem Medium ausgesetzt sieht. Diese Variante ist besonders für Marketing- und Konsumforschung interessant: Kino- und Plakatwerbung lässt sich z.B. schwerer meiden als Fernsehwerbung. Zu Beginn eines TV-Werbeblocks kann man schließlich die Fernbedienung zu Rate ziehen, das Kinopublikum muss sich schon Augen und Ohren zuhalten, um der Werbung zu entgehen.

1.3.2 Frühe Wirkungsforschung im 20. Jahrhundert

Die amerikanische Wirkungsforschung nahm zu Beginn des 20. Jahrhunderts die Aristotelische Rhetorik wieder auf. In der Absicht, strategische Vorgehensweisen von politischer Propaganda zu analysieren, beschäftigte man sich mit der Manipulation des Publikums. Der Politologe Harold D. Lasswell formulierte die Wirkungsweise politischer Propaganda strikt nach dem Schema von Reiz und Reaktion: „The strategy of propaganda [...] can readily be described in the language of stimulus-response. [...] the propagandist may be said to be concerned with the multiplication of those stimuli which are the best calculated to evoke the desired response, and with the nullification of those stimuli which are likely to instigate the undesired responses. Putting the same thing into terms of social suggestion, the problem of the propagandist is to multiply all the suggestions favorable to the attitudes which he wishes to produce and strengthen, and to restrict all suggestions which are unfavorable to them" (so Lasswell, 1927; 630). Bestimmte Reize rufen also gewünschte Reaktionen ab oder können Einstellungen verstärken. Diese Vorgänge werden nach Lasswell unterstützt, wenn man Reize annulliert, welche unerwünschte Reaktionen hervorriefen.

Auch die Art der Reizübertragung beschrieb Lasswell (1927; 631): „The form in which the significant symbols are embodied to reach the public may be spoken, written, pictorial, or musical, and the number of stimulus carriers is infinite, if the propagandist identifies himself imaginatively with the life of his subjects in a particular situation, he is able to explore several channels of approach." Die „signifikanten Symbole" bedeuten in diesem Zusammenhang standardisierte Zeichen, denen innerhalb einer Gruppe eine mehr oder minder feste Bedeutung zugewiesen ist (vgl. ders. 1927; 627/dazu Mead 1995; 111). Das Wirkungspotential von Propaganda ist demnach maximierbar, wenn die zu Überzeugenden so vollständig wie möglich mit der unerschöpflichen Zahl der Träger von entsprechenden Botschaften versorgt und umgeben werden (vgl. Lasswell 1971; 9).

Am 30.10.1938 moderierte Orson Welles für einen New Yorker Radiosender das Hörspiel „War of the Worlds". In Zusammenarbeit mit professionellen Sprechern des Mercury Theatre kommentierte er eine fiktive Landung Außerirdischer in der Nähe New Yorks. Als daraufhin Hunderttausende Hörer des Programms in Panik gerieten, schien der Beweis für die Validität des Stimulus-Response-Modells der Medienwirkung erbracht (siehe Merten et al. 1992; 41/Früh 1991; 23). Ein gewisser Teil des Publikums verstand das Hörspiel als reale Nachricht einer Invasion vom Mars und war überzeugt, die Erde würde mit beträchtlicher Überlegenheit an Waffen und Technologie angegriffen. Wie konnte dieses Szenario eine Wirkung auf die Hörer entfalten? Nach Gemittelten Angaben der US-Marktforscher von C.E. Hooper Inc. und des American Institute of Public Opinion (AIPO) waren der Sendung etwa sechs Millionen Radiohörer zugeschaltet (Cantril 1940; 55f). Nach Umfrageergebnissen des AIPO hatten 1,7 Mio. Menschen das Hörspiel als Nachrichtensendung aufgefasst. Von diesem Anteil des Publikums äußerten 70% oder 1,2 Mio. Hörer, sie seien beängstigt oder beunruhigt gewesen (vgl. ebd.; 55ff).

Headley Cantril untersuchte die Bedingungen, welche der Sendung den realistischen Rahmen verliehen. Ganz ähnlich einer

Nachrichtensendung war der Krieg der Welten in den Programmablauf eingebettet. An besagtem Sendetag unterbrach man ein Musikprogramm für ein „special bulletin from the Intercontinental Radio News" (Cantril 1940; 69). Als Informationsquelle war das Radio in den USA derzeit wichtig: einige Wochen zuvor hatten Millionen Radiohörer die Nachrichten vom bevorstehenden Krieg in Europa gehört. Das US-Publikum gewöhnte sich gerade an Sendeabläufe des Radios als Unterhaltungs- und Nachrichtenmedium; gegenüber den Zeitschriften wurde ihm mehr Objektivität, mehr Vorurteilsfreiheit zugetraut. Cantril gibt als Erklärungen für die Wirkung der Sendung auch die laut Hörerinterviews große Hoffnung der US-Bevölkerung in die Hörfunk-Sendetechnik, hohes Ansehen der Nachrichtensprecher, Glaubwürdigkeit involvierter Akteure und die detaillierte Beschreibung geschilderter Vorgänge und Örtlichkeiten an (dazu ebd.; 68ff).

Die Bedeutung des Radios in den USA der späten 30er Jahre ließ sich mit Hilfe der Daten von AIPO und C.E. Hooper Inc. erstmals in Zahlen ausdrücken. Zum ersten Mal konnten Sozialwissenschaftler durch Massenkommunikation ausgelöste Folgen erforschen: „If nothing else was proved that night, it was demonstrated to many people that radio could have a powerful impact on its audience" (Lowery et al. 1988; 55, 63). Aber welche mächtige Wirkung war nun demonstriert? Immerhin war die Panik bei vielen Hörern eindeutig auf die Sendung zurückzuführen. Bei aller Euphorie hinsichtlich erkennbarer Medienwirkung zeigt die Anzahl der Panikausbrüche infolge des Hörspiels jedoch, dass eben nicht das gesamte Publikum gleichmäßig erreicht und „bewirkt" wurde. Von den sechs Millionen zugeschalteten Hörern waren letztlich 1,2 Millionen beängstigt oder beunruhigt - das sind gerade 20% des Publikums, was die Erklärungssicherheit für diesen angeblichen Präzedenzfall erheblich einschränkt. Der Anteil panischer Reaktionen lag nur im Promillebereich, eine gleichförmige Medienwirkung war damit keinesfalls demonstriert (vgl. Brosius 1997; 14f).

1.3.3 Motivforschung: Manipulation des Unbewussten?

Von Beginn erhoffte man sich von der Klärung des Wirkungsproblems der Massenkommunikation großen Nutzen für Werbung und Politik. Neben dem Einsatz zu Propagandazwecken entdeckte die Industrie hier scheinbar unbegrenztes Potential für die Produktwerbung (vgl. Schenk, M. 1987; 4f). Von perfektionierter Erklärungs- und Prognosesicherheit in der Wirkungsforschung erhofften sich Politik wie Industrie Einfluss auf die Massen des Publikums.

Vance Packard forschte 1957 nach Wirkungen von Produktwerbung. Seinerzeit suchten Werbefachleute die entscheidenden Hinweise für ihre Strategien zur Optimierung des Produktabsatzes in Psychologie und Sozialwissenschaft (Packard 1963; 20f). In der Annahme, über Reflexe ganz bestimmte Reaktionsschemata abrufen zu können, wollte man mit Worten und Bildern als Bedeutungsträger gewünschte Reaktionen in Gang setzen. Man beabsichtigte, die vor- und unbewussten Ebenen im Menschen anzusteuern, auf denen besagte Reflexe bei potentiellen Kunden anzusprechen wären.

Als „Motivforschung" wurde eine wissenschaftliche Disziplin bekannt, die sich mit tiefenpsychologischen Motivationen beschäftigt, um Absätze beworbener Produkte zu steigern. Dabei wurden die erstaunlichsten Ergebnisse erzielt: So erforschte die Werbeagentur Weiss & Geller in Chicago mit Sozialwissenschaftlern und Psychologen in einer psychiatrisch angelegten Untersuchung „den Monatszyklus der Frau und die damit einhergehenden Gefühlszustände. [...] In der einen Phase (hoch) fühlt sich die Frau im allgemeinen schöpferisch, sexuell erregbar, narzissartig, hingebungs- und liebevoll. In einer tieferen Phase braucht und wünscht sie wahrscheinlich Aufmerksamkeit und möchte, dass alles für sie getan wird." (so Packard 1963; 30). Man folgerte zielsicher daraus, eine Werbung für ein backfertiges Kuchenmehl dürfe nicht nur die kreative und liebevolle Seite der Frau aus der einen Phase ansprechen, sondern sie müsse auch ihrer anderen Seite in der „tieferen Phase" versichern, dass sie mit dem Produkt gut versorgt sei. Packard bemerkt zu diesen wahrlich bahnbrechenden Erkenntnissen, dass sich „die meisten Werbeagenturen, die sich der Motivforschung bedienen, in den Mitteilungen über die einzelnen Projekte - oft mit guten Grund - auffallend zurückhaltend" verhielten (Packard 1963; 29).

Er führt Testverfahren zur Erkundung des Unterbewusstseins an, die in der kommerziellen Tiefenforschung zur Werbewirkung angewandt wurden. Neben dem Tiefeninterview, einer Befragung durch Psychiater, welches zur Reduktion von Hemmungen bei einzelnen Teilnehmern oft in Gruppen stattfände, seien Projektionstests aus der Psychiatrie üblich, bei denen die Probanden einen Teil ihres Selbst in die Interpretation von Zeichnungen oder Figuren einbringen sollten. Auch Hypnoseverfahren und Lügendetektoren würden zur Sondierung des Unterbewussten verwendet (vgl. Packard 1963; 31ff). Diese Tests nutzen Motivforscher, um Leitbilder und Ideale wie etwa das Schlankheits- oder Fitnessideal der Werbung zu finden, über die das Publikum anzusprechen wäre. Auch verborgene Widerstände, geheime Nöte und unbewusste Ängste der Verbraucher will die Motivanalyse für sich nutzbar machen.

Der Motivforscher James M. Vicary propagierte 1957 die Manipulation des Unbewussten an vorderster Front: Sechs Wochen lang hatte er Werbung für Coca-Cola und Popcorn für jeweils eine dreitausendstel Sekunde in Kinofilme einblenden lassen. Vicary behauptete, mit seiner unterschwelligen Werbung den Verkauf der angepriesenen Produkte im Foyer des Kinos um 57,7% gesteigert zu haben. Ein eindeutiger Beweis für Werbewirkung! Das menschliche Auge kann jedoch solche Einblendungen individuell verschieden erst ab etwa einer hundertstel Sekunde erfassen. Bei Kinofilmen laufen 25, im Fernsehen 24 Bilder pro Sekunde ab, wodurch dem Auge Bewegung vermittelt wird. Die Bilder verbinden sich bereits bei dieser Geschwindigkeit und der Mensch ist nicht mehr in der Lage, einzelne (Stand)Bilder wahrzunehmen. Die Wahrnehmung von Vicary's Kinowerbung war demnach eine anatomische Unmöglichkeit (dazu Heller 1984; 17ff).

1.3.4 Varianten des Reiz-Reaktions-Schemas bei Lasswell, Lazarsfeld und Klapper

Harold D. Lasswell griff 1948 Quintilians Positionen im Prozess der Kommunikation auf. In der nach ihm benannten Formel fragte er: „Who says what in which channel to whom with what effect?" (Lasswell 1948; 37).

Bis in die Gegenwart wird diese Beschreibung des Kommunikationsvorgangs in nahezu allen Publikationen zum Thema

Massenkommunikation und Wirkungsforschung zitiert (vgl. z.B. Lippert 1987; 13, Merten et al. 1992; 42). Schon die Reihenfolge, in der Lasswell seine Komponenten nennt, ist nach dem Stimulus-Response-Modell angelegt: Kommunikator-Botschaft-Medium-Publikum-Wirkung impliziert ein Konzept nach der Manier agierender Sender und passiver Empfänger. Dieser Ablauf wird von der Annahme einer Übertragung dominiert, vom Informationsfluss in eine Richtung (dazu Früh 1991; 121), der die Rezipienten „bewirkt". Von Lasswell lediglich als „convenient way to describe an act of communication" (ders. 1948; 37) gedacht, galt seine Formel noch 20 Jahre später als sehr leistungsfähiges Modell - ein Indiz dafür, „welches Beharrungsvermögen das Stimulus-Response-Modell besitzt" (Merten et al. 1992; 42).

Paul F. Lazarsfeld, Bernhard Berelson und Hazel Gaudet untersuchten 1940 an der Universität von Columbia die Rolle von Massenmedien im amerikanischen Präsidentschaftswahlkampf (Lazarsfeld et al. 1944). Dabei entdeckten sie ein Phänomen, das sie „Two-Step-Flow of Communication" oder den „Zwei-Stufen-Fluss der Kommunikation" nannten. Sie erforschten die Entscheidungsfindung bei Wählern im Zusammenhang mit den bereits weit verbreiteten Medien Presse und Rundfunk in Erie County, Ohio.

An der Studie namens „The People's Choice" nahmen 3000 Personen teil, von denen Panels zu jeweils 600 Personen für sieben Monate unter Beobachtung standen. Mehrere Monate lang wurden sie regelmäßig zu ihren Kontakten mit dem Wahlkampf in ihrem sozialen Umfeld inklusive Medien befragt (vgl. Lazarsfeld et al. 1944; 5f). Die Forscher fragten Wahlberechtigte, die Interesse am aktuellen politischen Tagesgeschehen und besonders am Wahlkampf entwickelten. Dazu geben sie an: „Actually, we can show that people on a higher level of interest (a) had more opinions on issues involved in the election; (b) participated more in the election events; and (c) exposed themselves more to the stream of political communications" (so dies. ebd.; 41). Personen mit gesteigertem Interesse an der Wahl ließen also im Vergleich zu weniger Interessierten in mehreren Beziehungen mehr Aktivität erkennen. Sie hatten sich zu mehr Themen des Wahlkampfes ihre eigene Meinung gebildet, nahmen häufiger an Veranstaltungen teil und brachten sich mehr in Gespräche politischen Inhalts ein. Diese Interessierten nannten Lazarsfeld et al. Meinungsführer: „Common observation and many community studies show that in every area and for every public issue there are certain people who are most concerned about the issue as well as most articulate about it. We call them the 'opinion leaders'" (ebd.; 49). An anderer Stelle sehen Lazarsfeld und Katz die Meinungsführer in Verbindung mit kommunikativen Netzwerken der persönlichen Beziehungen: „It is being suggested, [...] that all interpersonal relations are potential networks of communication and that an opinion leader can best be thought of as a group member playing a key communications role." (Katz/Lazarsfeld 1955; 33)

In „The People's Choice" gehen Lazarsfeld und seine Kollegen davon aus, dass politische Beziehungen unter Gleichgesinnten die politische Homogenität in sozialen Gruppen herstellen und fördern. Mit ihrer Studie erkundeten sie den Zusammenhang des direkten politischen Einflusses in persönlichen Beziehungen mit dem Einfluss der Massenmedien während des Wahlkampfes. Dabei fanden sie die Funktion von Meinungsführern im Sozialgefüge - „they (die Meinungsführer, C.R.) reported that the formal media were more effective as sources of influence than personal relationships. This suggests that ideas often flow *from* radio and print *to* the opinion leaders and *from* them *to* (Kursives wie i. Orig., C.R.) the less active sections of the population" (Lazarsfeld et al. 1944; 151). Der so erklärte Zwei-Stufen-Fluss läuft von den Massenmedien zu Meinungsführern, die sich mehr für bestimmte Themen interessieren und entsprechend mehr den Medien zuwenden. Von diesen Gruppen erreicht der Kommunikationsfluss weniger Interessierte und dann passive Gruppenmitglieder - im Fall der US-Präsidentschaftswahl die Nichtwähler. Relativ gut informierte Mediennutzer geben ihre Kenntnisse und Auffassungen also an andere in ihrem sozialen Umfeld weiter, die sich auf die „Kenner" verlassen. Meinungsführer können keine neutralen Träger von Botschaften sein, sie verbinden immer auch eigene Interpretationen mit den Inhalten. So beeinflussen sie mit ihrer Informiertheit und ihren kommunikativen Fähigkeiten die soziale Gruppe, deren Meinung sie führend mitbestimmen. Dabei kann u.U. für jedes Thema eine andere Person als Meinungsführer in Frage kommen.

Eine direkte Wirkung der Massenmedien in gleicher Weise auf alle Rezipienten kann nach diesem Konzept kaum stattfinden. Lazarsfeld et al. nehmen folglich Abstand von der Stimulus-Response-Hypothese im emphatischen Sinn; sie rücken die soziale

Umgebung der Rezipienten mit ins Zentrum der Untersuchung. Die unterschiedliche Aufnahme der Medienbotschaften bzw. die unterschiedliche Zuwendung zu den angebotenen Medien konkretisieren Lazarsfeld et al. wie folgt (vgl. dies. 1944; 75f):

1. Politische Propaganda erregt Interesse
2. Gesteigertes Interesse führt zu mehr Mediennutzung
3. Zuwendung zu den Medieninhalten ist selektiv
4. Wahlen geben der Entscheidung eine feste Form

Einige Wähler legen mehr Interesse an Themen der Politik an den Tag als andere. In der selektiven Medienzuwendung gehen sie nach den eigenen Prädispositionen vor. Ihre Umwelt inklusive Medien und persönliche Beziehungen liefert dabei zwar die verfügbare Information, aber der Erfahrungshintergrund des einzelnen Wählers gibt ihm doch eine bestimmte Ordnung vor. „From many past experiences shared with others in his economic religious, and community groups, he has more readiness to attend to some things more than others. [...] Voters somehow contrive to select out of the passing stream of stimuli those by which they are more inclined to be persuaded. So this is that the more they read and listen, the more convinced they become of their own position“ (Lazarsfeld et al. 1944; 81f).

Das Konzept der selektiven Zuwendung zu den Medien, der „selective exposure“ enthält für Lazarsfeld und Kollegen zwei Aspekte. Erstens nutzt der Rezipient nur Medien seiner Wahl zur Information, d.h. im Wahlkampf etwa vorrangig Zeitungen und Radiomeldungen, welche einer favorisierten Partei geneigt sind. Zweitens wendet er sich den angebotenen Informationen selektiv zu. Er liest also nur Zeitungsmeldungen, die ihn interessieren und hört bei einigen Radiosendungen besonders genau hin (vgl. Merten et al. 1992; 41f). Der Rezipient sieht zunächst von den Medien ab, die er unbeachtet lassen will, und sucht sich dann aus der engeren Wahl die Meldungen aus, die mit seiner Meinung korrespondieren.

Joseph T. Klapper nahm 1960 einige Elemente der selektiven Medienzuwendung und des Zwei-Stufen-Flusses wieder auf. Mit seiner Verstärker-Hypothese nimmt er an, die direkten Wirkungen der Medien seien geringfügig und könnten höchstens bestehende Einstellungen bestätigen oder verstärken. Klapper stellt demgemäß fest: „Communications research strongly indicates that persuasive mass communication is in general more likely to reinforce the existing opinions of its audience than it is to change such opinions. Minor attitude change appears to be a more likely effect than conversion and a less likely effect than reinforcement" (Klapper 1960; 49f). Ähnlich der unbewussten Ausrichtung auf Medieninhalte, die nach Lazarsfeld et al. eigene Auffassungen unterstützen und bestärken, jedoch nachdrücklicher bewertet Klapper Interesse und Zuspruch des Mediennutzers. Rezipienten suchen nach seiner reinforcement-These Informationen zur Bestätigung und Intensivierung ihrer Meinungen.

1.3.5 Carl I. Hovland: Studien zu politischer Propaganda

Auf die Suche nach den „keys of communication" begaben sich Carl I. Hovland, Irving L. Janis und Harold H. Kelly zu Beginn der 1950er Jahre (Hovland et al. 1966). Sie beschäftigten sich mit dem Potential der Einflussnahme auf Meinungsbildung und Überzeugungen im Rahmen von Ausbildungsprogrammen, Öffentlichkeitskampagnen, Werbung und politischer Propaganda. Für die psychologische Abteilung der Yale University untersuchten sie Kommunikationsabläufe bezüglich Gedächtnis, Gedankenfluss, Motivation und sozialem Einfluss. In ihrer umfangreichen Studie befassten sich die Autoren mit der Glaubwürdigkeit von Kommunikatoren, mit Angst erregenden Medieninhalten, der Organisation überzeugender Argumente und der Gruppenzugehörigkeit sowie der Widerstandsfähigkeit von Rezipienten gegenüber Einflüssen. Weitere Gegenstände waren Persönlichkeitsfaktoren, Empfänglichkeit bezüglich fremder Einstellungen, Überzeugung mittels aktiver Teilnahme der Rezipienten und Zurückhaltung bzw. Verzögerungen bei der Meinungsänderung.

Die theoretische Ausgangslage dieser Studie ist unzweideutig als Formulierung des S->R-Schemas zu erkennen: „Operationally speaking, *opinions are viewed as verbal „answers" that an individual gives in response to stimulus situations in which some general „question" ist raised.* (kursiv i. Orig., C.R.) [...] Both „opinion" and „attitude" refer to implicit responses, and, in theoretical terms, are intervening variables." (Hovland et al. 1966; 6) Es liegt nicht weit von den Versuchen zu unterschwelliger Manipulation entfernt, wenn hier Meinungen und Einstellungen des Publikums als intervenierende Variablen in einem Prozess behandelt werden, den maßgeblich der Kommunikator bestimmt. Die Meinung der Rezipienten ist danach lediglich eine Reaktion auf die Vorgaben und Intention des Kommunikators bzw. Mediums; sie kann konform gehen oder differieren. Im letzteren Fall ist sie ein Störfaktor im S->R-Sinn. Hovland et al. kategorisieren das Material der Überzeugung: „It is assumed that there are three main classes of stimuli present in the communication situation [...]. One set of stimuli has to do with the observable characteristics of the perceived source of the communication. Another involves the setting in which the person is exposed to the communication, including, for example, the way in which other members of the audience respond during the presentation. Communication stimuli also include important content elements, referred to as 'arguments' and 'appeals'." (Hovland et al. 1966; 11f).

Nach dieser Wortwahl ist das Publikum der Kommunikation ausgesetzt, es reagiert und wird auf Empfänglichkeit hin untersucht. Auch die Situation der Medienzuwendung oder das soziale Umfeld spielen während der Zuwendung eine Rolle. Hovland et al. gehen in dieser Frage ausschließlich vom Publikum in der Rezeptionssituation aus; sie stellen allerdings fest, dass Aspekte der Beschaffenheit des Mediums und der Situation, in der die Kommunikation abläuft, in der Untersuchung weitgehend unberücksichtigt bleiben (vgl. dies. 1966; 12).

In Belangen individueller Persönlichkeitsmerkmale und der Empfänglichkeit für Überzeugungen unterscheiden Hovland et al. die Bereitschaft, einen vorgegebenen Standpunkt als Gegenstand der Diskussion anzunehmen bzw. abzuweisen sowie die generelle Empfänglichkeit für verschiedene Typen des Einflusses aus der sozialen Umgebung. Die Forscher suchten individualpsychologische Merkmale, die in Zusammenhang mit der Empfänglichkeit für fremde Überzeugungen stehen. Ihre Forschungsfrage formulierten sie dementsprechend: „[...] what are the personality characteristics that incline a person to be receptive or resistant to social communications which attempt to modify his beliefs or attitudes?" (dies. 1966; 179).

Mit einer Faktorenanalyse zu Intelligenz und Motiven wie unverhohlener Aggressivität, sozialer Zurückgezogenheit oder akuten psychoneurotischen Symptomen der Probanden untersuchten Hovland et al. die Aufnahmebereitschaft. Unterschiede in der Empfänglichkeit, die als charakteristische Merkmale die Bereitschaft einer Persönlichkeit zur Änderung von Überzeugung bestimmen, machen demnach auch die Zugänglichkeit für manipulative Reize aus: „[...] it can be assumed that the very same factor that is varied by manipulations of the external environment can also be reflected, to many varying degrees, by predispotional differences which are static individual constants" (dies. ebd.; 199).

Eine gewisse Skepsis bezüglich des empirischen Nachweises innerpsychischer Vorgänge im Kontext mit Konstanten, welche als anthropologische Grundannahmen zur Manipulierbarkeit einzelner Charaktertypen extrahierbar sein sollen, ist hier zweifellos angebracht. Diese Entdeckung wäre mit der Entschlüsselung verborgener Mechanismen der Manipulation gleichzusetzen, in der Konsequenz ein Rezept zur gelingenden Überzeugung.

Ein Ergebnis der Hovland-Studien ist der „sleeper effect", der bereits in den 1930er Jahren von Peterson und Thurstone beschrieben wurde (vgl. Schenk 1987; 71ff). Im Zeitverlauf fällt der Einfluss einer Quelle hoher Glaubwürdigkeit ab, was nach mehrwöchiger Beobachtung nachgewiesen wurde. Ebenso nimmt der Einfluss einer Quelle niedriger Glaubwürdigkeit ab, weshalb die Anteile an Meinungsübernahmen nach den besagten Zeitintervallen ausgeglichen erschienen (so Hovland et al. 1966; 255ff). Der abnehmende Faktor Glaubwürdigkeit führt folglich nach einiger Zeit zu einer verzögerten Wirkung, die nach drei oder vier Wochen „erwacht" (vgl. dies. 1966; 281). Aber nach kritischer Prüfung des sleeper effect existieren auch für dieses Phänomen keine eindeutigen Nachweise. Obwohl viel beachtet und oft zitiert ist eine solche umgekehrt proportionale Korrelation der Glaubwürdigkeit eines Kommunikators mit seiner Überzeugungskraft im Zeitverlauf nicht mit Sicherheit anzunehmen (siehe u.a. Schenk 1987; 75/Hunziker 1988; 79/Merten et al. 1994; 305f).

1.3.6 Der Boomerang Effect

Robert K. Merton, ein Schüler von Talcott Parsons, und Paul Lazarsfeld untersuchten die Wirkungen von Propaganda in Radio und Film (Lazarsfeld/Merton 1948). Ihre Studien konzentrierten sich auf Inhalte der Botschaften wie auch auf Reaktionen des Publikums, wobei sie sich besonders für unerwartete, schwer kalkulierbare Effekte interessierten. Der von ihnen gefundene „Boomerang Effect" beschreibt eine Situation, in welcher ein Kommunikator mit seinen Überzeugungsabsichten vom Publikum nicht oder falsch verstanden wird. Dann nehmen die Rezipienten eine oppositionelle Position ein: „Propaganda will not produce the expected response unless its content corresponds to the psychological wants of the audience. It is necessary, therefore, to have a continuing flow of intelligence information concerning prevalent attitudes and sentiments in the population, if propaganda is not to invite boomerangs." (Lazarsfeld/Merton 1948; 573) Wenn Propaganda zu weit von Einstellungen, Überzeugungen und Informationsstand der Rezipienten ansetzt, provoziert sie das Gegenteil ihrer beabsichtigten Wirkung.

Mit der „intervenierenden Variable Rezipient" von Hovland et al. gingen also schon Lazarsfeld und Merton ganz anders um. Sie gestanden den Rezipienten ihr Eigenleben zu und berichten etwa vom Röntgenexperten, der einem Laienpublikum vom Gefahrenpotential dieser Technik berichten wollte. Er wurde so gründlich missverstanden, dass er seine Ausführungen gegen die Hörerschaft verteidigen musste: „The listeners became more and more impatient and in the end challenged the x-ray expert himself" (so dies. 1948; 572).

1.3.7 Transaktion und Gerechtigkeit bei Raymond Bauer

Ausdrücklich richtet sich Raymond Bauer in seinen Ausführungen zum widerspenstigen Publikum gegen das S->R-Schema. Er kritisiert, dieses Transfermodell bilde massenmediale Kommunikation als einseitige Beeinflussung des Publikums ab: „The communicator does something to the audience, while to the communicator is generally attributed considerable latitude and power to do what he pleases to the audience" (Bauer 1964; 319).

Bauer bietet an, mit W. Philips Davison (1959) von einem heterogenen Publikum auszugehen, das ganz verschiedene Erwartungen an die Medien stellt und sich ihnen nur zuwendet, wo es einen Nutzen erhofft. Mit Davison sieht er eine Beziehung zwischen Publikum und Kommunikator, die zwar keine vollständige Gerechtigkeit im Sinne eines kompletten Interessenausgleichs herstellen könne, in der beide Seiten jedoch auf ihrem Vorteil beständen: „[...] the model which *ought* (kursiv i. Orig., C.R.) to be inferred from the data of research - is of communication as a transactional process in which two parties each expect to give and take from the deal approximately equitable values." (Bauer 1964; 319).

Demnach können die Teilnehmer eines Kommunikationsprozesses eine ungefähr gerechte Verteilung eines Nutzens bzw. Wertes für sich erwarten. Mit seiner Betonung des Gerechtigkeitsaspektes geht Bauer offensichtlich gegen ein einseitiges Bestrahlungs- oder Berieselungsmodell an. Alle Beteiligten sollen aktiv in Erscheinung treten und Forderungen an den Vorgang der Medienkommunikation stellen. Damit kritisiert Bauer die Tradition, beabsichtigte Wirkungen als vom Kommunikator verursacht anzunehmen. Entsprechend lehnt er einen Kommunikator als Überzeuger ab, der seine dominante Funktion nur erfüllen kann, wenn er das Publikum manipuliert: „[...] the audience usually does its own evaluation of sources, and at a certain point sometimes arrives at a result quite the opposite of that reached experimentally. If the audience is confronted with a communicator trying to convert it to a position opposed to his own, it is likely to see him as „biased“ and the like, and come away further strengthened in its own convictions“ (Bauer 1964; 321).

Bauer plädiert mit seiner Beschreibung von Transaktion nachdrücklich für eine publikumsorientierte Perspektive: „The process of social communication and the flow of influence in general must be regarded as a transaction. „transactionism“, which has had a variety of meanings in psychology, is used here in the sense of an exchange of values between two or more parties; each gives in order to get“ (ders. 1964; 327). Bei einem solchen Handel oder (Aus)Tausch sind nicht handfeste Güter und Waren, sondern Symbole, Meinungen und der Einfluss darauf von Bedeutung. Es geht um Teilnahme an der Kommunikation statt etwa finanziellen Zuwendungen nach Proporz. Immerhin wird laut Bauer (aus)getauscht, aber kann es dabei überhaupt gerecht zugehen?

Raymond Bauer verweist auf die ungefähre Gleichverteilung von Ungerechtigkeiten für Kommunikator und Publikum. Die Einflussnahme soll eben nicht nur in eine Richtung betrachtet, sondern als Kompetenz jedes Teilnehmers angenommen werden; zumindest in Form der selbstbestimmten Selektion und Medienzuwendung. Einen kompletten Interessenausgleich mit strikter Gleichverteilung des Nutzens für alle Parteien im Kommunikationsablauf nimmt Bauer offenkundig nicht an. Wer sollte auch verteilen, da der Nutzen vom Engagement der Beteiligen selbst abhängt. Wenn einer Vielzahl Beteiligter, die allesamt geben, um nehmen zu können, Gerechtigkeit zuteil werden soll, dann ließe sich die normative Essenz einer Aktor- und Handlungsgerechtigkeit anführen (vgl. Ritsert 1997; 97): persönliche Freiheiten spielen hier eine Hauptrolle. In Bauers Transaktionskonzept ist also ein Mehr an Chancengleichheit, Machtbalance und Nutzengewinn nach Verdiensten zu erkennen. Doch welcher Nutzen wird gewonnen, wenn schon keine Güterverteilung stattfindet? Eine griffige Beschreibung des Nützlichkeits- oder Glückseligkeitsprinzips stammt von Jeremy Bentham: „Unter Nutzen wird die einem jeden Objekt (mit Bauer auch dem Kommunikationsablauf, C.R.) anhaftende Eigenschaft verstanden, wodurch es dazu tendiert, Annehmlichkeit, Vorteil, Lust, das Gute oder die Glückseligkeit [...]“ (zit. nach Ritsert 1997; 38f) zu verschaffen. Bauers transaktionales Modell der Medienkommunikation wurde zu Beginn der 1980er Jahre präzisiert und erweitert (dazu Früh/Schönbach 1982, s. Kap.2.3).

1.4 Selbstbelohnung oder der uses and gratifications-Ansatz

Die Entwicklung des uses and gratifications-Modells zu Beginn der 1970er Jahre wird Jay G. Blumler und Elihu Katz von der hebräischen Universität Jerusalem zugeschrieben (so z.B. Hunziker 1988; 92/Merten 1994; 317f). Ins Deutsche zu übertragen mit „Nutzen- und Belohnungs-Ansatz“, wurzelt dieses Konzept in der weit älteren funktionalen Analyse von Medienwirkungen. Aus systemtheoretischer Perspektive werden hier die Folgen sozialer Phänomene für Gruppen, kulturelle und soziale Systeme sowie auch für einzelne Personen untersucht (vgl. Schulz 1982; 55/Kline 1972; 26f). Solche Analysen erstrecken sich auf institutionelle und kulturelle Muster, auf soziale Rollen und Normen bis hin zu den Allgemeinplätzen sozialer Strukturen: „It is postulated that the media served the functions of surveillance, correlation, entertainment, and cultural transmission (or socialization) for society as a whole, as well as for individuals and subgroups within society“ (so Katz et al. 1972; 23/vgl. auch Wright 1960).

Gratifikationsforschung befasst sich mit Medienwirkungen im Kontext von Bedürfnissen, Wünschen und Interessen der Rezipienten. Dieses Wirkungskonzept unterscheidet sich von der traditionellen S->R-Perspektive insofern, als Medieneffekte hier als Befriedigung von Bedürfnissen des Publikums im Mediengebrauch gelten.

Mit dem uses and gratifications-Konzept nähert sich die Forschung also rasant der Perspektive aktiver Mediennutzer. Elihu Katz und Daniel Foulkes wendeten 1962 ein Paradigma der Wirkungsforschung in sein Gegenteil: Sie tauschten in der Frage „Was machen die Medien mit den Menschen?" die Stellung der Worte „Medien" und „Menschen" (Katz/Foulkes 1962; 378). Damit erhoben sie Aktivität und Selbstbestimmtheit der Rezipienten zum Leitbild der Medienforschung. Katz et al. sammelten fünf grundlegende Aspekte des Nutzenansatzes (vgl. Katz et al. 1974; 21f):

1. Rezipienten werden als aktive Nutzer der Medien behandelt. Sie tragen ihre Erwartungen an das Medienangebot heran und entwickeln bestimmte Muster der Mediennutzung.
2. Im Prozess der Massenkommunikation können einzelne Mitglieder des Publikums per Eigeninitiative ihre Bedürfnisse befriedigen.
3. Medien können nur einen Teil menschlicher Bedürfnisse bedienen und konkurrieren mit anderen Quellen der Bedürfnisbefriedigung. Zudem stehen „konventionelle" Wege zum Erfüllen von Wünschen und Nöten zur Verfügung.
4. Ziele des Medienkonsums auf Rezipientenseite können per Datenerhebung ermittelt werden. Den Menschen wird ausreichendes Selbstbewusstsein, d.h. hier Kenntnis eigener Bedürfnislagen und Interessen zugeschrieben. Zumindest sind sie in der Lage, über ihre Strategien zur Bedürfnisbefriedigung verständliche Auskünfte zu erteilen.
5. Bewertungen der kulturellen Bedeutung von Massenkommunikation sollten nicht in direktem Zusammenhang mit den Interessen und Orientierungen des Publikums gesehen werden. Die Motive der Rezipienten sind mit eben deren Maßstäben zu bewerten.

Neben dem aktiven und selbstbewussten Bild eines Publikums mit individuellen Wünschen und Nöten weist der Nutzen- und Belohnungs-Ansatz eine weitere Besonderheit auf. Ähnlich dem Konzept des transaktionalen Kommunikationsvorgangs von Raymond Bauer, das mit Erwartungen des Publikums arbeitet, bedient sich das Publikum auch hier nach eigener Fasson in der medialen Umgebung. Der uses and grats-Ansatz geht dabei noch weiter: Er konzentriert das Interesse ganz auf Aktivität und Bedürfnislage des Publikums.

Aber welche Bedürfnisse sind mit Medienkontakten zu befriedigen? Die Kategorisierungen hierzu folgen Kriterien bezüglich (a) Publikum, (b) Quellen der Bedürfniserfüllung durch Medien, (c) Einstellungen zu Medien und (d) sozialen Ursprüngen der Bedürfnisse und Wünsche des Publikums. Dabei spielen die Nutzungsgewohnheiten im Umgang mit Medien eine kaum zu unterschätzende Rolle: „[...] it is clear that the need to relax or to kill time can be satisfied by the act of watching television, that the need to feel that one is spending one's time in a worthwhile way may be associated with the act of reading, and that the need to structure one's day may be satisfied merely by having the radio 'on'. Similarly, a wish to spend time with one's family or friends can be served watching television at home with the family or by going to the cinema with one's friends" (Katz et al. 1972; 24f). Die Medien bedienen durchaus bestimmte Belange des Publikums; sie selbst schaffen bis zu einem gewissen Grad die Möglichkeiten zu ihrer Nutzung. Nutzer bedienen sich nach ihren Gewohnheiten, und sei es nur um Zeit totzuschlagen.

Zu (a): Der Aspekt der Rezipientenbedürfnisse und -erwartungen wird im Spannungsbogen zwischen Überlebensstrategien und Eskapismus verhandelt. Von Lerneffekten bei Rezipienten und Orientierungshilfen im alltäglichen Leben sowie Entspannung und Unterhaltung bis hin zur Flucht in Phantasiewelten sind Wünsche und Nöte des Publikums zu verorten. Den informellen Erziehungs- und Bildungsangeboten werden eskapistische Tendenzen gegenüber gestellt, die in Unterhaltungsangeboten angelegt sein können. Die Funktionen der Mediennutzung benennen Katz et al. mit Zerstreuung, Belangen persönlicher Beziehungen und Identitätsfragen sowie Überlebensstrategien im Alltag überhaupt (vgl. dies.1972; 23).

Zu (b): Im Kontext der Theorie der selektiven Mediennutzung wird der Mensch als selbständig handelndes, von Eigeninteresse gelenktes Wesen verstanden. Rezipienten treffen ihre Auswahl aus Inhalten massenmedialer Angebote selbständig. Zudem ist das soziale Umfeld der Rezipienten bei der Analyse von Mediennutzung zu berücksichtigen.

Zu (c): Mit Erwartungen und Einstellungen auf der Publikumsseite korrespondieren auf der Medienseite typisierbare Produktionsmuster und Formate bzw. Erscheinungsformen der Produkte: Literatur, Theater und Fernsehen oder Computertechnik bilden das Angebot für diverse Nutzungsmuster. Der reduktionistisch anmutende Klassiker „Das Medium ist die Botschaft“ (so McLuhan 1972; 100) bezieht sich auf diese Modi des Mediengebrauchs.

1.5 Die „agenda-setting"-Funktion der Massenmedien

Starke Medienwirkungen nahm man in den frühen 60er Jahren des 20. Jahrhunderts nicht mehr an. Bis dahin konnte kein wissenschaftlich stichhaltiger Beweis dafür erbracht werden. Stattdessen ging man, gestützt auf gesammelte Forschungsergebnisse, von minimalen direkten Effekten der Medien auf das Publikum aus (siehe Bauer 1964).

Auf längerfristige Medienwirkungen bezieht sich die „agenda-setting“-Funktion der Massenmedien, formuliert von McCombs und Shaw 1972. Zunächst bedeutete das eine Neuorientierung. In einer Gesellschaft, die ständig medial informiert und unterhalten wird bzw. ständigen Zugang zu einem breiten Angebot an Massenmedien hat, gibt es einen konstanten medialen Informationsfluss. Die Menschen sind den Medien immer wieder ausgesetzt oder sie bedienen sich ihrer wiederholt (vgl. Lowery/DeFleur 1988; 327).

Wenn sich die Medienberichterstattung auf einige Sachverhalte konzentriert, die Print- und audiovisuellen Medien also Prioritäten in der Berichterstattung setzen (zu Nachrichtenwertfaktoren z.B. Kepplinger 1998), dann bieten sie den Rezipienten bestimmtes Material zu Diskussionen an. Aus der täglichen Fülle von Ereignissen muss schließlich jemand Auswahl treffen – auch wenn man sich mit Karl Valentin wundern kann, dass jeden Tag gerade so viel passiert wie in die Zeitung passt. Die Themen müssen definiert, gewichtet und entsprechend platziert werden. Das gilt besonders für die politische Kommunikation, da Massenmedien in der Herstellung von Öffentlichkeit beinahe konkurrenzlos sind (dazu Früh 1994; 35). Bestimmen Medien also nicht nur die Themen der Tagesordnung, sondern auch deren Gewichtung bis in alltägliche Gespräche hinein?

Als Soziologie der Taktik von Massenkommunikation legten Maxwell E. McCombs und Donald L. Shaw ihre Studie zum agenda-setting der Massenmedien im US-Präsidentschaftswahlkampf von 1968 an (dies. 1972; 185). Die Professoren für Journalistik an der Universität von North Carolina untersuchten Wähler in fünf Bezirken von Chapel Hill. Dazu analysierten sie den Inhalt von Print- und Fernsehberichterstattung im Wahlkampf. McCombs und Shaw nahmen in ihrer Hypothese Bezug auf eine Behauptung von Lang und Lang aus dem Jahr 1966, nach der Medien die Aufmerksamkeit des Publikums für bestimmte Themen erzwingen und Vorstellungen von Persönlichkeiten der Politik in der Öffentlichkeit erzeugen. So erlangen Medien einen Einfluss auf Denken, Wissen und Fühlen des Publikums (dazu McCombs/Shaw 1972; 177).

Auch McCombs und Shaw fanden Hinweise für einen solchen Einfluss und ein davon abhängiges Publikum: „Considering both major and minor item coverage, 18 of 20 possible comparisons (persönliche Einschätzungen von Probanden vs. Medienpräsentation der Themen, C.R.) show voters more in agreement with all the news rather than with news only about their own party/candidate preference. This finding is better explained by the agenda-setting function of the mass media than by selective perception" (dies. 1972; 182). Medien können die politische Welt nur unvollständig darstellen. Rezipienten tendieren dazu, die mediale Definition der Wichtigkeiten zu übernehmen, so diese Autoren. Tagesordnungspunkte in der Öffentlichkeit entstammen mit einiger Sicherheit der Medienberichterstattung über sie: „The agenda of the press did become the agenda of the public. In this sense, there was correspondence between the world outside and the pictures in the heads of the voters studied" (DeFleur/Ball-Rokeach 1989; 264f).

In den 1960er Jahren gab es eine Reihe von Arbeiten zur Informationskontrolle durch Massenmedien. Ausgehend von der prinzipiellen Annahme, dass Wissen eine wesentliche Grundlage sozialer Macht darstelle und die Kontrolle des Kommunikationsflusses weitreichenden Einfluss auf das Leben der Menschen bedeute, sah man Medien und ihre Macher in einer mächtigen Position: „While knowledge control is as old as mankind, it has become a more prominent feature of modern civilization as more and more human activity becomes directed toward production and accumulation of knowledge. Mass media today may be seen as part (and only part) of a growing 'knowledge industry' [...]"(so Donohue et al. 1972; 41f). Die Rolle der Massenmedien behandeln Donohue et al. auch als „gatekeeping"-Funktion. Kurt Lewin prägte den Begriff in seiner Studie zu Konsumgewohnheiten von

Hausfrauen (ders. 1951). Die „Torwächter“ des Informationsflusses entscheiden auf der Ebene medialer Produktion und Distribution, was wie gedruckt und gesendet wird: „[...] ‘gatekeeping’ in mass media is viewed as including all forms of information control that may arise in decisions about message encoding, such as selection, shaping, display timing, withholding, or repetition of entire messages or message components.“ (Donohue et al. 1972; 42f). Jede Art von Zensur wird in dieser Sichtweise zum Sonderfall von Informationskontrolle, was auch als Einschränkung des Menschenrechts auf Meinungs- und Pressefreiheit zu verstehen ist (so bereits Marx 1961; 28ff). Wenn der Stellenwert von Medien und Informationstechnologien seit den frühen 1970er Jahren auch ein enormes Wachstum verbuchte, so sind die von Donohue et al. genannten allgemeinen Tendenzen als Kritik offensichtlich zukunftsfähig.

Nationale Sicherheit und Anerkennung eines Landes in multinationalen Beziehungen hängen essentiell mit der Organisation des Wissenszuwachses und dem Entwicklungsstand der Medienlandschaft innerhalb eines internationalen Staatengeflechts zusammen. Politische, wirtschaftliche und soziale Aspekte der Informationstechnologien inklusive ihrer Vernetzung rücken zunehmend in den Vordergrund menschlicher Gemeinschaft. Nebenwirkungen sind dabei nicht auszuschließen: „Ob es Datenschutzprobleme, Probleme möglicher psychischer Deprivation bei falschem Einsatz neuer Medien oder Probleme neuer sozialer Ungleichheiten sind, dies alles kann als gesellschaftlich unerwünschte Konsequenz gedeutet werden“ (so Stegbauer 1996; 146). Auch die postulierte Integrationsfunktion gesamtsozialer Systeme durch Informationskontrolle wird bezweifelt bis konterkariert (dazu Neumann-Braun 1995; 13).

1.6 Im Sog der Mehrheit: die Schweigespirale

Elisabeth Noelle-Neumann hielt 1972 auf einem Psychologenkongress in Tokio ihren Vortrag zur „Spiral of Silence“. Sie nahm damit Bezug auf das von Lazarsfeld, Berelson und Gaudet in „The People’s Choice“ entwickelte Konzept der selektiven Zuwendung zu Medieninhalten und ihrer Wahrnehmung. Mit ihrem Ansatz richtete sich Noelle-Neumann gegen die Annahmen der Verstärker-These (siehe Lazarsfeld et al. 1944).

Die Mainzer Professorin beabsichtigte mit ihrer Theorie der Schweigespirale, die Funktion der öffentlichen Meinung neu darzustellen und sie für die Empirie zugänglich zu machen. Einzelne Hypothesen dieser Theorie sind im Rahmen von Noelle-Neumanns gesamttheoretischem Konzept zu verstehen, das sich an folgenden Wissenschaftsbereichen orientiert (vgl. dazu Donsbach 1987; 324):

1. Philosophiegeschichtliche Erkenntnisse zum Verständnis der öffentlichen Meinung in historischer Dimension
2. Sozialpsychologische Erkenntnisse zum Verhalten von Menschen in der Sphäre des öffentlichen Lebens
3. Kommunikationswissenschaftliche Erkenntnisse zur Rolle von Menschen bei der Wahrnehmung von Meinungsverteilung in der sozialen Umwelt

Eine umfassende Klärung des Begriffs der öffentlichen Meinung bezeichnet Noelle-Neumann als „erschöpfend weil unmöglich" (so Noelle-Neumann 1982; 84ff). Sie begreift Übereinstimmungen im Verhalten einer überwiegenden Mehrheit als Ausdruck öffentlicher Meinung. Einzelne wollen durch konformes Verhalten den Sanktionen für Abweichungen entgehen; vorwiegende Motivation ist die Isolationsangst (dies. 1982; 60ff). Diesen Vorgang schildert Noelle-Neumann als „Prozess einer Interaktion zwischen Individuum und Umwelt, mit dem herrschende Meinung verteidigt und neue Meinung durchgesetzt wird. [...] Öffentliche Meinung wird als Meinung im Spannungsfeld verstanden, die man öffentlich äußern kann ohne Gefahr, sich zu isolieren" (so dies. 1979; 165f).

Die Massenmedien spielen in diesem Spannungsfeld eine zunehmende Rolle, wenn sie es nicht überhaupt erst erzeugen. Öffentliches Bekenntnis der persönlichen Position oder Kritik erreicht über den massenmedialen Apparat ein großes Publikum. Doch die Absonderung von der sozialen Umwelt nach Äußerung einer divergierenden Meinung ist nur eine, nämlich die sozialpsychologische Seite. Eine weitere führt Noelle-Neumann so an: „Zum individuellen Ansatz der Wirkungsforschung tritt damit ein kollektives Moment: Bildung von Meinungsklima durch Massenmedien." (so dies.1979; 166)

Aus dieser Perspektive beschäftigte sich Noelle-Neumann auch mit dem Bundestagswahlkampf von 1972. Ihrer Einschätzung nach konnten die Zahlen der CDU- und SPD-Anhänger etwa gleich sein, doch in der Öffentlichkeit beobachtete sie fast ausschließlich Sympathiebekundungen für die SPD und Willy Brandts Ostpolitik. Während also die Anhänger der SPD-Politik das öffentliche Meinungsklima bestimmten, waren CDU-Freunde dort verschwindend gering vertreten: „Und eben dieses Verhalten trug dazu bei, dass die ersten stärker schienen, als sie wirklich waren, und die letzten schwächer. Diese Beobachtungen in ihrem Umkreis veranlaßten wieder andere, sich laut zu bekennen oder ihre Ansichten herunterzuschlucken und zu schweigen, bis wie in einem Spiralprozess die einen öffentlich ganz dominierten und die anderen aus dem öffentlichen Bild ganz verschwunden und 'mundtot' waren. Das also ist der Vorgang, den man als 'Schweigespirale' bezeichnen kann" (Noelle-Neumann 1982; 17f).

Noelle-Neumann stellt diese Beobachtungen in den Kontext eines komplexen Verständnisses von Medienwirkungen und öffentlicher Meinung. Sie wendet sich gegen eine direkt-kausale S->R-Beziehung. Für sie hat öffentliche Meinung einen doppelten Nährboden, nämlich den „der unmittelbaren, originalen Beobachtung, die der einzelne in seiner Umwelt anstellt", und den „der Beobachtung der Umwelt, wie sie dem einzelnen durch die Massenmedien vermittelt wird, in erster Linie durch das Fernsehen [...]. 'Guten Abend' sagte der Meteorologe am Beginn seines Wetterberichts. 'Guten Abend' antworteten die Gäste in einem Hotel, in dem ich meine Ferien verbrachte" (so dies. 1980; 224).

Die empirische Überprüfbarkeit der Theorie der Schweigespirale wird allerdings bezweifelt. Die angenommenen Zusammenhänge und die Vielseitigkeit des Ansatzes mit Komponenten aus der Sozialpsychologie, Soziologie und Politologie konnten empirisch nicht befriedigend belegt werden (vgl. Pratsch 1988; 63/Merten et al. 1994; 321f).

Im Machtgefüge von Massenmedien, Politik und Öffentlichkeit untersuchte Elisabeth Noelle-Neumann auch die Rolle von Journalisten und deren Privilegien. Sie wendete sich den Produzenten der Medienbotschaften mit ihren Möglichkeiten zur Themenselektion, zum Lancieren oder Unterdrücken von Inhalten zu. Dabei stellt sie die Machtlosigkeit Einzelner gegenüber massenmedialer Kommunikation fest; tendenziöse Berichterstattungen stammten aus einer mächtigen Öffentlichkeit, der Angegriffene kaum etwas entgegenzusetzen haben: „Die Massenmedien verkörpern Öffentlichkeit, eine weit ausgebreitete, anonyme, unangreifbare, unbeeinflussbare Öffentlichkeit" (Noelle-Neumann

1980; 222). In dieser Perspektive werden einzelne machtlos, denn während vieles in der Medienöffentlichkeit kaum oder gar keinen Platz findet, weil es ignoriert und verdrängt wird, präsentiert man bestimmte Inhalte ganz bewusst nachteilig: „[...] einer unbegrenzten gesichtslosen Öffentlichkeit sieht sich der einzelne, der in den Medien negativ 'ausgestellt' ist, preisgegeben. Er kann sich nicht verteidigen, er kann sich nicht wehren, das Instrument der 'Gegendarstellung' ist grotesk in seiner Schwäche, in seiner hölzernen Fremdheit zwischen den polierten Medieninhalten" (so Noelle-Neumann 1980; 223).

Diese Position entspricht Noelle-Neumanns Ausführungen zum Fernsehen als „getarnter Elefant" (dies. 1970; 90), das sich selbst das Attest geringer Wirkungen ausstellt. Eine von Massenmedien hergestellte Öffentlichkeit hat demnach den Anschein von Unantastbarkeit und beinahe uneingeschränkter Macht, insbesondere über Personen des öffentlichen Lebens, deren Ansehen in der Allgegenwärtigkeit des Medieninteresses ständig zur Debatte steht. Elisabeth Noelle-Neumann schreibt dieser Öffentlichkeit der Medien eine vehemente Abwehrstellung gegenüber Theorien der starken Wirkungen zu. Ansätze starker Medieneffekte sieht sie entweder im Nischendasein von Fachzeitschriften verkümmern oder ihre Vertreter öffentlichen Angriffen ausgesetzt: „Jene Wirkungsforschung, die keine oder geringe Wirkung nachweist, findet eine große publizistische Resonanz, ihr wird in der Öffentlichkeit wissenschaftliches Prestige verliehen." (so Noelle-Neumann 1982; 117).

1.7 Zerklüftetes Wissen: Die „increasing knowledge gap"-Hypothese

Neben Aufgaben der Information und Unterhaltung haben Massenmedien in einer demokratischen Gesellschaft Funktionen der Meinungsbildung und Erziehung. Der Rundfunkstaatsvertrag der BRD gibt ihnen den gesetzlichen Auftrag zur Information und verpflichtet sie so zur Berichterstattung über Politik. Laut Präambel erstreckt sich sein Geltungsbereich auf öffentlich-rechtliche und private Sender in der BRD; Information ist neben Bildung, Beratung und Unterhaltung Bestandteil von Voll- und Spartenprogrammen (dazu Hartstein 1995; 3). Massenmediale Angebote haben prinzipiell zur politischen Bildung und zum kulturellen Selbst- wie Fremdverständnis beizutragen. Dazu bedarf es einer flächendeckenden Versorgung aller Mitglieder einer Gesellschaft mit dem Medienangebot.

Die Chance auf umfassende Information via Massenmedien ist für das gesamte Publikum grundsätzlich anzunehmen. Dabei wäre ein Anstieg der Informiertheit aller Rezipienten als gleichförmige, einheitliche magic bullet-Wirkung einzustufen. Sollte das die Messlatte dieser gesamtgesellschaftlichen Perspektive sein? Schon nach den Ergebnissen von „The People's Choice" (Lazarsfeld et al. 1944), also in Anbetracht der Erkenntnisse zu individuellen Rezipientenmerkmalen, selektiver Zuwendung und Wahrnehmung des Medienangebots erscheint das zu kurz gegriffen. Es ist kaum davon auszugehen, dass jedes Mitglied des Massenpublikums seine Chance auf Informiertheit oder Wissensgewinn gleich versteht bzw. wahrnehmen kann: „[...] der geschichteten Sozialstruktur entspricht eine ebensolche Schichtung im Zugang zu, in der Aufnahme und in der Anwendung von gesellschaftlicher Information und Kommunikation" (so Bonfadelli 1987; 307).

Einige Bedingungen der Aufnahme und Verarbeitung medialer Angebote werden in der Nutzung unterschiedlicher Medien gesehen, in deren Kombination und Vorwissen sowie im sozialen Umfeld mit Bezugspersonen bzw. -gruppen, die auf einer gewissen Höhe tagesaktuell informiert sind oder nicht, sich je nach Bildungsstand und Engagement selbst informieren und einbringen.

Dazu erkannten Phillip J. Tichenor, George A. Donohue und Clarice N. Olien von der Minnesota-University: „Wenn der Informationsfluß von den Massenmedien in einem Sozialsystem wächst, tendieren die Bevölkerungssegmente mit höherem sozioökonomischen Status und/oder höherer formaler Bildung zu einer rascheren Aneignung dieser Information als die status- und bildungsniedrigeren Segmente, so dass die Kluft zwischen diesen Segmenten tendenziell zu- statt abnimmt" (Tichenor et al. 1970; 161). Dem standen und stehen Behauptungen zu homogenisierenden Folgen der Medien bezüglich sozialer Unterschiede gegenüber; prinzipiell gleicher Zugang aller Teilnehmer am Prozess massenmedialer Kommunikation sollte – so war doch der Gedanke der Mediendemokratie – weitreichende Gleichheit der Chancen gewährleisten. Tichenor et al. fanden weniger Hinweise für diese Angleichung, sondern eher solche für ein Anwachsen bestehender gesellschaftlicher Klüfte. Daher hat die „increasing knowledge gap"-Hypothese als Annahme wachsender Wissensklüfte bei steigendem Informationsangebot ihren Namen. Empirische Studien sind mittel- bis langfristig angelegt (dazu Schulz 1982; 62); der Gegenstand erfordert diese Untersuchungszeiträume.

Seit Tichenor et al. 1970 diesen Weg erstmals gingen, gab es eine Reihe von Studien zu diesem Phänomen. Heinz Bonfadelli stellt die regen Aktivitäten der Wissenskluftforschung dar (ders. 1994; 71, 417ff). Der Züricher Publizistikwissenschaftler weist auf den hypothetischen Charakter der Wissenskluftperspektive hin. Er sieht es als vorrangige Aufgabe der Kommunikationswissenschaft, Verbindungen mehrerer Ursachen von Medienwirkung theoretisch darzustellen und die Wissenskluft-Hypothese in einen weiteren theoretischen Bezugsrahmen zu fassen. Mit solchen Vorüberlegungen geht die Wissenskluftforschung Fragen bezüglich (a) der Sozialstruktur, (b) den Wissensklüften zwischen sozialen Segmenten und (c) dem Informationszufluss in ein soziales System nach.

Zu (a): Der gesellschaftliche Kontext umfasst sozialstrukturelle Segmentierungen anhand von Kriterien wie formalem Bildungsstand, Einkommen und Beruf. Diese demoskopischen Daten lassen sich zum Index „sozialer Status" zusammenfassen.

Zu (b): Hier ist Ungleichverteilung kognitiver Bestände und Fähigkeiten infolge unterschiedlicher Zugangsmöglichkeiten zu Informationen und bezüglich Kompetenzen der Informationsaufnahme angesprochen. Mediennutzung, Wissensstand und Anwendung von Informationen können in diesem Kontext verhandelt werden.

Zu (c): Heterogene Wissensverteilung verstärkt sich bei wachsendem Informationsangebot, so lautet eine Kernthese der knowledge gap-Forschung. Information geht bei aller aktiven Mediennutzung durch Rezipienten doch von den Medien aus.

Tichenor et al. benennen mitverursachende Faktoren, die zur Bildung und Verstärkung von Wissensklüften beitragen (so dies. 1970; 161f): Der erste Faktor umfasst „communication skills"; in der deutschen Übersetzung bezeichnet „Medienkompetenz" Fähigkeiten im Umgang mit Medien (dazu Winterhoff-Spurk 1999; 20f). Als zweiten Faktor stellen die Forscher aus Minnesota „amount of stored information" fest. Diese Bestände an Vorwissen sind eng mit individuellen Fähigkeiten der Informationsaufnahme und -verarbeitung verbunden. Bei ausgeprägten Gewohnheiten der Nutzung ist eine Sensibilisierung für den Umgang mit Medien zu erkennen. Als dritter Faktor wird „relevant social contact" in Bezugsgruppen und interpersonellen Kontakten gesehen. Eine markante Rolle spielen hier Haltungen, Einstellungen zum Mediengebrauch und den Inhalten sowie formaler Bildungsgrad. Letzterer trägt laut Tichenor et al. zur Kontaktaufnahme und Diskussionsbereitschaft bei: „Education generally indicates a broader sphere of everyday activity, [...] and more interpersonal contacts, which increase the likelihood of discussing public affairs topics with others" (dies. 1973; 161). Mit dem vierten Faktor trägt man den Erkenntnissen von „The People's Choice" Rechnung. Aufnahme, Erinnerungsvermögen und selbstbestimmtes Zuwendungsverhalten als „selective exposure and retention of information" korreliert laut Tichenor et al. ebenfalls mit formaler Bildung: Die Interpretation kommunizierter Inhalte geschieht nach bestehenden Überzeugungen und Werten.

Einen fünften Faktor geben die Forscher aus Minnesota mit der Angebotspalette der Medien für bestimmbare Nutzergruppen an, nämlich als „nature of the mass media system that delivers information". Das impliziert eine Medienauswahl nach sozioökonomischem Status der Rezipienten. Personen von höherem Status nutzen demnach mehr Printmedien, die Themen der Wissenschaft und aus dem Bereich der Öffentlichkeit und Politik anbieten. Bessergestellte und -gebildete wagen den Blick in die Zeitung eher als unterprivilegierte Mitglieder einer Gesellschaft (vgl. dies. 1970; 166f).

Tichenor et al. gründeten ihre Hypothese unter Berücksichtigung der angeführten Faktoren auf Nuancierungen kognitiver Bestände bzw. Prozesse und besonders auf die Verknüpfung je zweier Annahmen. Diese Annahmen lassen sich wie folgt darstellen (vgl. Tichenor et al. 1970;163/dazu Bonfadelli 1994;71):

1. Wissen ist gesellschaftlich heterogen verteilt. Zwischen dem sozioökonomischen Status bzw. dem formalen Bildungsniveau eines Probanden und seinem Wissensstand zu einem medienrelevanten Thema aus dem öffentlich-politischen Bereich besteht ein Zusammenhang.
2. Zur Kennzeichnung einer Wissenskluft werden Wissen und Bildung in Relation gesetzt. Bei ansteigendem externen Informationszufluss im Zeitverlauf lässt sich eine Verstärkung der

Wissenskluft beobachten. Ein Zusammenhang besteht also ebenfalls zwischen dem Zuwachs an Information bei den Probanden und der Wissen-Bildungs-Korrelation.

Im Unterschied zu primär medienbezogenen Ansätzen, Konzepten individueller Medienrezeption (vgl. Großmann 1999) oder solchen, die sich auf Meinungsumschwünge und Wirkungen mit dem Ziel der Manipulation beziehen, ist die Hypothese der wachsenden Wissenskluft makrotheoretisch angelegt: Die Komplexität politischer Probleme und ihrer Vermittlung steigt laut Bonfadelli bei stetem Zuwachs technischer Möglichkeiten zur Produktion und Übertragung. Seiner Darstellung zufolge verlieren politische Institutionen und damit politische Parteien immer mehr an Bedeutung. Medien übernehmen einen expandierenden Part im Politikverständnis: „Und diese Bilder der sozialen Realität [...] bestimmen in vielen Situationen das soziale Handeln einer Person. Obwohl also der Bürger auf die *Massenmedien als Mittel der politischen Information und Orientierung* (kursiv i. Orig., C.R.) angewiesen ist, werden aber die Medien und ihre Informationen - vor dem Hintergrund der Neuen Medien - zunehmend komplexer und undurchschaubarer. Gesellschaftliche Kommunikation selber droht zu einem sozialen Problem zu werden“ (Bonfadelli 1994; 17).

Die Formulierer der Wissenskluft-Hypothese hypostasierten keineswegs eine Spaltung des Publikums in einerseits immer weiter der Verdummung Preisgegebene sowie etwa Wissenseliten auf der anderen Seite der Kluft: „This 'knowledge gap'-hypothesis does not hold that lower status population segments remain completely uninformed (or that the poor in knowledge get poorer in an absolute sense)“ (Tichenor et al. 1970; 160). Im Zeitverlauf wurden auch Tendenzen eines Wissensangleichs unter sozialen Segmenten festgehalten.

1.8 Resümee: Geschichte der Medienwirkungsforschung

Mit den Sophisten und der Aristotelischen Rhetorik begann die Erforschung der Wirkungen von Kommunikation. Die Aufgabe des Redners vor Publikum wurde darin gesehen, möglichst Urteilsvermögen, affektive Regungen und Ethos anzusprechen. Schon die antike Rhetorik beschäftigte sich mit der intentionalgerichteten Wirkung: die Hörerschaft sollte gründlich und vollständig überzeugt werden. Bereits Quintilian unterschied vier an einer Kommunikation beteiligte Komponenten (Kommunikator, Situation, Kanal und Aussage), die ihre Rolle noch in der Medienforschung des 20. Jh. spielen sollten. Diese Annahmen beinhalten bereits die elementare Struktur eines Reiz-Reaktion-Schemas, das die Theorienbildung bis in die Gegenwart als mitbestimmt.

Das Aufkommen der Massenmedien im 18. und 19. Jahrhundert veränderte den Umgang mit Schriftsprache. Produktion, Vervielfältigung und Verbreitung von Information, Meinung und Unterhaltung wurden mit den technischen Entwicklungen massenhaft möglich. Damit ging ein gesteigertes Interesse an Wirkungen der Medien einher. Ein zentrales Motiv der Wirkungsforschung war die Absicht, Kontrolle über Wirkungspotentiale zu erlangen, um sie für Interessen der Politik und Wirtschaft zu instrumentalisieren.

Frühe Soziologen wie Max Weber, Emile Durkheim und Georg Simmel nahmen am Informations- und Meinungsaustausch der wissenschaftlichen Fachpresse im 19. und 20. Jh. als Begründer bzw. Mitherausgeber von Fachzeitschriften teil. Am deutlichsten formulierte zunächst Weber seine Überlegungen zur Rolle und Wirkungsweise der Presse: auf dem ersten deutschen Soziologentag von 1910 bezeichnete er sie als eng mit der Ökonomie des kapitalistischen Systems verbunden. Weber zog Monopolbildungen auf dem Markt der großen Zeitungen und Verlage in Betracht und ordnete die Massenmedien ansatzweise in einen gesamtgesellschaftlichen Kontext ein. Ein Wirkungsproblem deutete er bereits an: allgemeine Folgen der Medienkommunikation für überindividuelle Kulturgüter und die „Prägung des modernen Menschen“ (Weber 1988; 441). Spuren des S->R-Modells sind bei ihm zu finden, wenn er in erster Linie nach dem Einfluss des Medienangebots auf das Publikum fragte.

In den USA fußte die Wirkungsforschung seit den 1920er Jahren auf dem Reiz-Reaktionsmodell: magic bullet- und hypodermic needle-Ansatz behandelten das Publikum als sitzende Zielscheibe und manipulierbare, homogen-passive Menschenmasse. In der Annahme, das Publikum sei an seinen innersten Nöten, Ängsten und unbewussten Strukturen zu packen und damit seien starke, einheitliche Wirkungen auf Gefühle, Einstellungen und Verhalten erreichbar, wurden die Rezipienten zu Empfängern von Medienstimuli erklärt. Einen Beitrag dazu lieferten Theorien der

Massengesellschaft, nach denen einzelne empfänglich für Manipulationen sind, wenn Bräuche und Traditionen, Werte und Normen mangels Kontrolldruck an Bedeutung verlieren und die Individuen einer Art Willenlosigkeit verfallen.

Von der Erkundung starker Medienwirkungen erhofften sich Politik und Industrie eine Rezeptur zur Überzeugung ihrer Klientel bzw. Konsumenten. Als erster eindeutiger Nachweis für Effekte auf ein Massenpublikum wurde zunächst das in New York 1938 gesendete fiktive Radioprogramm „Invasion from Mars" gewertet. Die Ergebnisse einer Studie von Headley Cantril zur angeblich unter sechs Millionen Hörern ausgebrochenen Massenpanik weisen panische Reaktionen allerdings nur bei einem geringen Anteil des Publikums aus: messbar gerade noch im Promillebereich und kein Beweis für eine starke Wirkung.

Starke Medieneffekte konnten bislang auch nicht von der Motivforschung nachgewiesen werden. Mit Tiefeninterviews und Gruppengesprächen sowie technischen Hilfsmitteln gelang es noch nicht, unbewusste Wünsche und Nöte für Konsum oder Propaganda nutzbar zu machen. Eine Rezeptur, nach der tiefenpsychologische Motivationen erfolgreich für Kauf- oder Wahlentscheidungen anzusprechen wären, steht weiterhin aus.

Mit der nach ihm benannten Formel nahm Harold Lasswell 1948 die vier Komponenten Quintilians wieder auf. Lasswell's Reihe Kommunikator-Medium-Publikum-Wirkung vernachlässigt aber den prozessualen Charakter von Kommunikation. Sie vermittelt zudem ein Bild gerichteter und unidirektionaler Übertragung medialer Reize; Medien erscheinen als neutrale Transmitter der Kommunikatorabsichten. Die bis heute gebräuchliche Lasswell-Formel hat allerdings nur hypothetischen Charakter, ihr Begründer sah sie schlicht als angemessene Beschreibung medialer Kommunikation. Das S->R-Modell wird nur in eine allgemeine Form gefasst.

Lazarsfeld, Berelson und Gaudet orientierten sich mit der Studie „The People's Choice" von 1940 in Richtung Publikum: sie untersuchten Aufnahme und Weiterverbreitung des Medienangebots seitens der Rezipienten. Nach ihren Ergebnissen bestimmen und beeinflussen die Meinungsführer des Publikums Themen inhaltlich, wenn sie mit weniger Interessierten darüber sprechen. Die Autoren fanden den „two step flow" von Medien zu „opinion leaders" und von diesen zum übrigen Publikum oder ins soziale Umfeld. Lazarsfeld et al. erreichten empirische Hinweise zur Bestätigung ihrer Hypothese, hielten sie jedoch nicht für vollständig bewiesen. Eine wichtige Neuerung für die Theoriebildung ist ihr aktives Rezipientenbild. Medienrezeption als Verhalten und Handlung, als zweckorientierte Selektion aufzufassen, bedeutete eine Wende in der forschungsstrategischen Ausrichtung.

Hovland, Janis und Kelly behandelten die individuellen Merkmale der Rezipienten noch zu Beginn der 1950er Jahre als intervenierende Variablen im Wirkungsablauf. Über Gruppenzugehörigkeit, Konformitätsbedürfnisse und den Drang nach sozialem Status wollten sie bestimmte Reaktionen erreichen. Ihre Analyse galt individualpsychologischen Bedingungen der Empfänglichkeit für Medienbotschaften. Hovland et al. fanden für die Wirkung der Botschaft im Zeitverlauf eine Abnahme an Relevanz der Glaubwürdigkeit, die dem Kommunikator oder der Quelle beigemessen wird. Eine Neuerung der Untersuchungen von Hovland, Janis und Kelly war der Einbezug der Zeitkomponente in die Analyse: sie gingen mittelfristigen Wirkungen über mehrere Wochen nach. Bei ihrer Fokussierung von Kommunikatorinteressen gerieten individuelle Rezipientenmerkmale und Bedürfnisse als Störfaktoren in den Hintergrund; das S->R-Modell der beabsichtigten Reaktionen bei Reizübertragung dominierte noch.

Einem Kommunikator mit Überzeugungsabsichten drohen, so Lazarsfeld und Merton 1948, vom kritischen Publikum massive Zweifel an den präsentierten Inhalten. Dieser „boomerang effect" weist auf einen hohen Grad an Eigenständigkeit hin, die dem Rezipienten zugetraut wird. In diesem makrotheoretisch angelegtem Ansatz findet sich eine Distanzierung zum S->R-Modell, welche an der fast nebensächlichen Bezugnahme auf die Intention des Kommunikators zu erkennen ist: den Rezipienten steht die Reaktion auf Erwartungen seitens der Medien weitgehend frei.

Massenmediale Kommunikation birgt für alle Teilnehmer einen Nutzen; davon ging Raymond Bauer 1966 aus. Er erweiterte den Transaktionsbegriff aus der Psychologie und beschrieb den bidirektionalen Kommunikationsablauf. Aktive Teilnehmer betreiben eine Art Handel und jede Partei zieht ihren Nutzen aus dem Austausch. Selbstbestimmung und Kompetenzen der Medien- wie Themenwahl sind hier inbegriffen. Dieses transaktionale Konzept beinhaltet den Versuch, allen Teilnehmern einer Kommunikation gleiche Fähigkeiten im Sinne eines Nutzenaustauschs mit Selbstbedienung zuzuschreiben. Damit erfährt die Forschung die Etablierung eines aktiv-selbstbestimmten Publikums, was auch eine Distanzierung vom Reiz-Reaktionsmodell bedeutet.

Eine Weiterentwicklung der rezipientenorientierten Perspektive leisteten Katz und Foulkes 1962 mit dem „uses and gratifications-approach". Sie suchten nach Zielen der selektiven Medienzuwendung beim Rezipienten. Der Nutzenansatz geht von der Bedürfnisorientierung eines weitgehend individuell-aktiven Publikums aus; er stellt Strategien zur Befriedigung der Rezipientenbelange dar. Produktionsmuster und Inhalte des Medienangebots werden bestimmten Nutzungsmustern zugeordnet und die Rezipienten bedienen ihre Bedürfnisse im Rahmen dieser Vorgaben. Dabei bewegen sie sich zwischen eskapistischen Ausflügen in dargebotene Phantasieszenarien und der Projektion ihrer Alltagsprobleme auf Medieninhalte zwecks Problemlösung. Der uses and grats-Ansatz konterkariert das S->R-Modell, denn absolute Priorität haben hier aktive Rezipienten mit individueller Bedürfnislage und Auswahl an Nutzungsweisen des Angebots. Es handelt sich dementsprechend um eine eher mikrotheoretisch konzipierte Forschung nach schwachen Medienwirkungen; intendierte Medieneffekte stoßen auf selbständig-kompetente Nutzer.

Woher beziehen die Menschen in einer von Massenmedien durchdrungenen Gesellschaft ihre alltäglichen Gesprächsthemen, ihre Vor- und Einstellungen und letztlich ihr Weltbild? Dieser Frage widmeten sich McCombs und Shaw 1972 mit ihrer „agenda setting"-Hypothese. Selbst wenn die Rezipienten sich selbständig und interessengeleitet informieren - das Angebot versorgt sie mit aktuellen Themen und einer Rangordnung der Wichtigkeit. Die Medien befinden sich also in einer mächtigen Position, sie heben Themen auf die Tagesordnung und üben so die Kontrolle über verfügbare Informationen aus. Damit tragen sie maßgeblich zur Konstruktion gesellschaftlicher Wirklichkeit bei. Die von Donohue et al. 1972 beschriebene „gatekeeper"-Funktion besteht in der Verfügung über den Zugang zu Information. Von der Organisation der und dem Umgang mit Information kann eine gesellschaftliche Ordnung laut Donohue et al. bis zur Wahrung der nationalen Sicherheit betroffen sein; andererseits wird den Medien in dieser gesamtgesellschaftlichen Hinsicht auch eine Integrationsfunktion zugeschrieben. Die agenda setting- und gatekeeper-Funktion betonen den mächtigen Status der Medien und ihrer Macher. Beide Modelle rücken die Rolle eines Medienapparats in den Vordergrund, der dem Publikum den Rahmen seiner Möglichkeiten bestellt.

Die Theorie der Schweigespirale von Elisabeth Noelle-Neumann ist zur Analyse des öffentlichen Meinungsklimas gedacht. Sie stellt Konformitätsdrang und Isolationsängste als zentrale Motive der Meinungsäußerung dar. Von der herrschenden bzw. überwiegend vertretenen oder am meisten in der Öffentlichkeit präsenten Meinung geht, so das „Spiral of Silence"-Modell, eine Sogwirkung für Minderheitenmeinungen aus. Diese Dynamik eines stillschweigenden Einvernehmens befördert den sozialen Konsens, sie kann aber auch das Auf- und Abtauchen von Wertvorstellungen und Themen der Öffentlichkeit beschreiben. Für einzelne Beteiligte an diesem Prozess der Meinungsbildung konstatiert Noelle-Neumann auch formaljuristisch eine weitgehende Machtlosigkeit gegenüber dem medial präsentierten Meinungsklima.

In einer Gesellschaft mit ständigem Zuwachs an Informationsfluss spielen individuelle Merkmale der Rezipienten eine entscheidende Rolle. Das erkannten Tichenor, Donohue und Olien von der Minnesota-University 1970. Mit der Hypothese der wachsenden Wissenskluft formulierten sie einen rezipientenorientierten Ansatz, in den Erkenntnisse von Lazarsfeld et al. (1944) zur selektiven Zuwendung und Wahrnehmung von Medienangeboten mit einfließen. Als Bedingungen für Medienwirkung gelten in der „knowledge gap"-Forschung Kompetenzen im Umgang mit den Angeboten, Vorwissen und relevante Sozialkontakte. Einzelne orientieren sich bei der Medienzuwendung an eigenen Präferenzen und an denen des sozialen Umfeldes. Von besonderer Bedeutung ist dabei die heterogene Wissensverteilung in einer Gesellschaft, bestimmbar nach Bildungsstand und sozioökonomischem Status.

Tichenor et al. fanden eine raschere Aneignung und Verarbeitung von Informationsangeboten mit zunehmendem Bildungsniveau der Probanden, was für sie im Zeitverlauf zur Verstärkung von Wissens- und sozialen Klüften im Publikum der Massenmedien anstatt zu einer Angleichung der Informiertheit aller führt. Die große Aufmerksamkeit für die Wissenskluftforschung gründet in ihrer kritischen Haltung zu Erziehungs- und Meinungsbildungsfunktionen der Medien in demokratisch organisierten Gesellschaften.

Der makrotheoretische Blickwinkel der „knowledge gap“-Hypothese entwirft einen Wirkungstyp, der demoskopisch fassbare Gruppen des Medienpublikums mit gesamtgesellschaftlichen Entwicklungen in Verbindung bringt. Publikumsstrukturen sind in dabei von größerem Interesse als Möglichkeiten der „Meinungsmache“ seitens der Medien. Dem S->R-Modell der Medienwirkung ist die Wissenskluftforschung also nicht verpflichtet.

Schematische Verortung wirkungstheoretischer Ansätze

Kommunikator, Medium, Quelle (<->) —— (<->) Publikum, Rezipienten

Botschaft, Inhalt, Medienangebot

t
t
t
t
V
V

Sophisten, antike Rhetorik

Magic Bullet, Hypodermic Needle (ab 1920)

The People's Choice (1940)
Lazarsfeld et al.; Two Step Flow

Lasswell-Formel (1948)

Boomerang Effect (1948)
Lazarsfeld/Merton

Hovland Studies (1950)
Sleeper Effect

Reinforcement (1960)
Klapper

Uses and Gratifications (1962)
Katz/Foulkes

Transaktionaler Ansatz (1968)
Bauer

Knowledge Gap (1970)
Tichenor et al.

Schweigespirale (1971)
Noelle-Neumann

Agenda Setting (1972)
McCombs/Shaw
Gatekeeper-Funktion (1972)
Donohue et al.: Informationskontrolle

2. Aktuelle Entwicklungen der Medienwirkungsforschung

Wie geht die aktuelle Medienforschung mit dem Wirkungsbegriff um? Bei neueren Ansätzen handelt es sich teils um Weiterentwicklungen früherer Perspektiven; hier werden aktuellere Theorien und empirische Testläufe der Wissenskluft- und Gratifikationsforschung angeführt. Beide Pole der Wirkungstheorie: publikums- wie medienzentrierte Konzepte sollen in der aktuelleren Forschung anhand einiger Vertreter dargestellt werden.

Weitgehende Neuerungen hat Raymond Bauers transaktionales Verständnis von Kommunikation durch Werner Früh und Klaus Schönbach zu Beginn der 1980er Jahre erfahren. Es wurde bis in die Mitte der 1990er Jahre zu einem komplexen, theorieleitenden Forschungsmodell, welches S->R-Schema und Nutzenansatz integriert. Früh entwickelt damit eine dynamisch-transaktionale Sicht des Wirkungsbegriffs (ders. 1994).

Die bisher angeführten Theorien behandelten in erster Linie den (medien- oder publikumszentrierten) Umgang mit politischer Information und kognitiven Fähigkeiten. Seit Mitte der 1980er Jahre bezieht eine publikumsorientierte Forschung mit interpretativen Verfahren auch kulturelles Sinnverständnis von Rezipienten in den Zusammenhang „aktives Subjekt-Medieninhalte-sozialer Kontext“ mit ein. Der handlungs- und kulturtheoretische Ansatz von Charlton und Neumann-Braun wird mit dem Struktur- und Prozessmodell der Massenkommunikation skizziert (vgl. dies. 1992a).

Wie kann eine prozess- und rezipientenorientierte Sicht der Medienkommunikation den Wirkungsbegriff um kulturtheoretische Aspekte erweitern? Lässt sich ein solches Modell mit den klassischen, d.h. kognitiv-motivationalen Gegenständen der Wirkungsforschung vereinbaren? Eine Antwort auf diese Fragen führte die Wirkungsforschung der 1980er und 90er Jahren zur wissenschaftstheoretischen Debatte um die Zukunft der Wirkungsforschung.

2.1 Wissenskluftforschung in den 1980er und 1990er Jahren

Medienwirkungen sind als eigenständig erklärbare Phänomene kaum situativ abzugrenzen und zu isolieren. Losgelöst von Zeitverlauf und sozialem Kontext bieten sie sich höchstens zur Prüfung einer theoretischen Perspektive an einzelnen Sachverhalten an.

Die Zeitkomponente fand ab den 1970er Jahren in der Frage der Medienwirkungen zunehmende Beachtung. Als mittel- bis langfristigen Prozess beschreibt die Hypothese der wachsenden Wissenskluft, entwickelt von Tichenor, Donohue und Olien 1970, die Nutzung von Medien. Diese Perspektive richtet den Blick auf differentielle Verteilung medial vermittelten Wissens bei wachsendem Informationsfluss. Rezipientengruppen nehmen, je nach sozioökonomischem Status und formaler Bildung, Information unterschiedlich auf und verwenden sie dementsprechend.

Als relevant für das Phänomen wachsender Wissensklüfte sahen Tichenor, Donohue und Olien die Struktur des Medienangebots mit den Printmedien als vorrangige Anbieter politischer Information. In demokratisch organisierten Gesellschaften kommt den Massenmedien die zentrale Aufgabe politischer Information zu. Hinter dieser Funktion steht die Idealvorstellung des mündigen Bürgers, der sich umfassend über Politik informiert und aktiv am Prozess politischer Willensbildung teilnimmt: Nach Art. 5 Abs.2 des Grundgesetzes der Bundesrepublik Deutschland hat jeder neben dem Recht der freien Meinungsäußerung auch das Recht, „sich aus allgemein zugänglichen Quellen ungehindert zu unterrichten."

Die knowledge gap-Forschung stellt die zentrale Funktion eines politisch-informativen Medienangebots bereits in ihren Grundannahmen in Frage. Sie geht davon aus, dass Informationsangebote via Massenmedien „[...] die Wissenskluft zwischen den oberen und unteren Schichten der Gesellschaft" vergrößern, denn wer „[...] bereits gut informiert ist, weiß auch am besten, wo zusätzliche Informationen zu finden sind; er oder sie kann aus dem Angebot auswählen, Wichtiges vom Unwichtigen unterscheiden und neues Wissen einordnen" (so Chill/Meyn 1998; 48).

Der Sozialisationsperspektive hält die Wissenskluftforschung eine der Diffusion und Dysfunktionalität des Mediensystems entgegen. Im Folgenden werden drei Vertreter dieser Forschungsrichtung in den 1980er und 90er Jahren kurz vorgestellt.

2.1.1 Reinhold Horstmann: erweiterte Wissenskluft-Hypothese

Als Wissenskluft-Forscher am Institut für Journalistik und Kommunikationsforschung in Hannover stellt Reinhold Horstmann „[...] mangelnde Geschlossenheit und die fehlende Präzision in den Formulierungen von Tichenor, Donohue und Olien [...]“ (ders. 1991; 18f) fest. Sie hätten eine unbefriedigende Entwicklung eingeleitet: „Die systematische Berücksichtigung der empirischen Resultate ist über erste Anfänge nicht hinausgekommen, die anfängliche Theorie wird heute noch unverändert zitiert, Theorie und Empirie wirken seltsam voneinander losgelöst“ (so ders. 1991; 19). Horstmanns Anliegen ist eine Prüfung der Kernthese, dass Art und Umfang von Wissenszuwächsen hauptsächlich durch formalen Bildungsgrad und sozialen Status bedingt sind. Ausschließlich sozioökonomische Merkmale wie Einkommen, Wohnverhältnisse und Beruf hält er für unzureichend zur Erklärung kognitiver Effekte durch Medienrezeption: „Eine Einkommensdifferenz von 1000,- DM 'bewirkt' keinen unterschiedlichen Wissenserwerb. Die Zweiteilung in soziale Ober- und Unterschicht ist außerdem als Klassifikation zu pauschal“ (ders. 1991; 47).

Bei ihrer ersten Formulierung der Wissenskluft-Hypothese wiesen Tichenor et al. darauf hin, dass erst eine makrotheoretische Sichtweise die Rahmenbedingungen für die maßgebende Größe formale Bildung erfassen könnte. (vgl. Horstmann 1991; 79ff./ Tichenor et al. 1973; 423). Horstmann sieht in Wissenskluft-Studien auch weniger die Bedeutung formaler Bildung bestätigt als eher die geographische Nähe eines Themas und Rezipientenmerkmale wie Motivation, Interesse und politische Beteiligung. Demzufolge modifiziert und erweitert er die klassischen Variablen der Wissenskluftforschung (1) Informationszufluss, (2) sozialer Status und (3) Wissen (vgl. Horstmann 1991; 54f).

Zu (1): Der Faktor Informationsinput wird durch Quantitäts-/ Qualitätsanstieg der Berichterstattung zu bestimmten Themen in TV und Printmedien spezifiziert.

Zu (2): An die Stelle des sozioökonomischen Status tritt das Merkmal der formalen Bildung.

Zu (3): Motivation und Interesse als Bedingungen für Lerneffekte werden in Verbindung mit dem Wissensstand betrachtet.

Zusätzlich (4): Grundlegende Strukturmerkmale von Gesellschaft, Mediensystem und Eigenschaften medial präsentierter

Themen (Anziehungskraft und Bedeutung) fasst Horstmann als „Hintergrundmerkmale, vor denen sich unterschiedliche Entwicklungen der Kenntnisse vollziehen“ (so ders. 1991; 55, 64ff).

Die Untersuchung Reinhold Horstmanns besteht aus einer Sekundäranalyse von Datenmaterial zweier international vergleichenden Forschungsprojekte zu den Wahlen des Europaparlaments 1979 und 1984 von Schulz und Schönbach (siehe dies. 1981/85).

Horstmann erkennt in den erhobenen Daten zur ersten Europawahl 1979 Vorteile für seine Studie, denn das zu wählende Gremium war zunächst mit geringer Kompetenz ausgestattet. Es hatte mehr symbolische als politische Bedeutung und genoss geringeres Ansehen als die nationalen Parlamente. Die Kandidaten waren über bundesweite Listen zu wählen, weniger bekannt als Bundespolitiker und konnten ihren Wahlkampf kaum bundesweit organisieren. Zur Rezipientenseite bemerkt Horstmann: „Geringe Kenntnisse, Motivation, Engagement und Betroffenheit kennzeichnen Personen, die am ehesten durch Massenmedien zu beeinflussen sind“ (ders. 1991; 58). In der medienzentrierten Draufsicht der Wissenskluft-Hypothese intervenieren hier also keine Störfaktoren, die den Reiz-Reaktionsfluss gefährden bzw. verwischen könnten.

Zu den Wahlen von 1984 gibt Horstmann günstige Ausgangsbedingungen an: Für die Europaparlaments- und die Dortmunder Kommunalwahl waren jeweils Nullmessungen verfügbar, die Informationsstände vor Beginn des Wahlkampfs abbildeten. Die Europawahl war eine Vergleichsmöglichkeit mit der von 1979, da die wahlrechtlichen und institutionellen Bedingungen im Wesentlichen auch hier bestanden (vgl. ders. 1991; 59). Zur empirischen Verortung der Randbedingung „geographische Nähe“ bezieht Horstmann die Dortmunder Kommunalwahlstudie ein. Für die Stadtbevölkerung wurde eine nicht-repräsentative Stichprobe von Lesern der Lokalzeitungen befragt. Hinsichtlich der Strukturmerkmale Gesellschaft und Mediensystem hebt er hervor, dass die Dortmunder Stichprobe im Vergleich zu Erhebungen bisheriger knowledge gap-Studien homogener als national-repräsentative und heterogener als Stichproben ist, die in Kleinstädten und Gemeinden untersucht wurden.

Die Wissensindikatoren Fakten- und soziales Wissen betrachtete Horstmann als Funktion von Bildung (formale Schul-, Fachhochschul- und Hochschulreife), Motivation (kognitiv, d.h. Wissensdrang) und Interesse (an politischer Information und Partizipation). Als wissensrelevant wurden auch die soziodemographischen Faktoren Geschlecht und Alter einbezogen. Der Informationsfluss fand als Probandenkontakte mit Werbematerial und Wahlkampfveranstaltungen sowie als Kontakte im sozialen Umfeld Beachtung. Bezüglich steigender Bedeutung der Medien in Wahlkämpfen und unterschiedlicher Nutzungsmuster unterscheidet Horstmann Information durch Printmedien und TV. Zusätzlich ging die Einstellung (Vertrauen, Abhängigkeit des Wissensstandes von Medien) der Probanden in die umfangreiche Untersuchung ein.

Bei der Diskussion seiner Ergebnisse muss Reinhold Horstmann einräumen, dass die Wissenskluft-Hypothese nicht von der Empirie bestätigt werden konnte. Auch das erweiterte Modell mit Einbezug makrostruktureller Merkmale und differenzierter Einflussfaktoren sowie Wissenstypen brachte kaum Besserung (ders. 1991; 193). Horstmann konstatiert, formale Bildung allein könne nicht als zuverlässige Größe zur Erklärung unterschiedlicher Wissensbestände im Publikum dienen, wie Tichenor et al. dies 1970 hypostasiert hatten. Folglich scheidet auch der sozioökonomische Rezipientenstatus als Operationalisierung formaler Bildung aus: „Die Unterschiede zwischen den Bildungsschichten an den einzelnen Messzeitpunkten sind keineswegs dramatisch, noch weniger die Entwicklung der relativen Unterschiede zwischen diesen Zeitpunkten [...]“ (ders. ebd.).

Die motivationalen Faktoren politisches Interesse und Partizipation erwiesen sich als relevante Einflüsse, Horstmann bezweifelt aber den einfachen mono- oder bikausalen Zusammenhang von Wissenszuwächsen mit den Motivationen der Medienzuwendung.

Unterschiedliche Nutzung verschiedener Medien ist nach diesem Autor eine notwendige, aber keine hinreichende Bedingung zur Erklärung ausgleichender Wisseneffekte. Mangelnde Vergleichbarkeit der Informationsgehalte bei Print- und audiovisuellen Medien sowie unzureichendes Datenmaterial zur Verarbeitung und Verwendung dieses Wissens seien dafür verantwortlich. Mit seinem erweiterten Wissensbegriff konnte Horstmann also kein empirisches Korrelat der Wissenskluft-Hypothese finden; er räumt hierzu Schwierigkeiten der Trennschärfe bei den Wissensindikatoren Struktur- und Faktenwissen ein, mit denen bereits frühere Untersuchungen zum Thema nicht befriedigend umzugehen gewusst hätten (vgl. Horstmann 1991; 194).

Der Ergebnisstand bezüglich des Faktors geographische Nähe/Ferne (psychologischer Einfluss) zum bedeutsamen Medienthema widerspricht der These, eine besondere Nähe zum Ereignis könne Wissensklüften schließen. Horstmann ging schließlich der Frage nach langfristigem Bestehen von Wissenskluft-Phänomenen nach. Dazu verfügte er aufgrund des großen zeitlichen Abstands von fünf Jahren zwischen beiden analysierten Europawahlen aber nur über empirisch ungestützte Einschätzungen. Tendenzen in der Entwicklung kognitiver Klüfte könnten hingegen nur nach zeitlich gleichmäßiger verteilten Erhebungen verlässlich aufgezeigt werden (vgl. Horstmann 1991; 196).

Im Überblick widersprechen Horstmanns Ergebnisse den Annahmen der knowledge gap-Forschung. Als Konsequenz fordert er die Abkehr von der medienzentrierten und S->R-verpflichteten Perspektive: „Die Rezeption von Medieninhalten ist untrennbar mit einer angemessenen Berücksichtigung der Aktivitäten des Publikums verbunden, unabhängig von den Zielen der jeweiligen Forschung. [...] Der unterschiedliche Wissenserwerb aus den Massenmedien ist kein Reservat, an dem die theoretische Entwicklung der Massenkommunikationsforschung oder der Psychologie vorbeigehen kann" (so ders. 1991; 199f). Aus der Stärkung des aktiven Publikums resultiert für diesen Autor eine intensivere Beschäftigung mit Medieninhalten sowie die Abkehr vom Kausalzusammenhang zwischen Stimulus und Reaktion. Er bemängelt zudem eine Methodenwahl, die dem prozesshaften Hypothesencharakter mit Querschnittstudien gerecht zu werden versucht (ders. ebd.; 196). Für entscheidend erklärungsfähiger hält Horstmann das transaktionale Modell von Davison (1959) und Bauer (1964). Einen Perspektivenwechsel in der knowledge gap-Forschung hin zur transaktionalen Auffassung des Kommunikationsprozesses erachtet Horstmann als eine der wichtigsten Folgerungen, die aus seiner Arbeit von 1989 zu ziehen wären (ders. 1991; 199).

2.1.2 Heinz Bonfadelli: mediatisierende Faktoren

Der Schweizer Heinz Bonfadelli habilitierte sich 1992/93 an der Universität Zürich mit einer Arbeit zur Wissenskluft-Perspektive (ders. 1994). Er ging Effekten nach, die gegenläufig zu wachsenden Wissensklüften als ausgleichende Tendenzen bezüglich unterschiedlicher Wissensbestände beobachtet wurden. Bei der Beschäftigung mit früheren knowledge gap-Untersuchungen kommt Bonfadelli zu dem Ergebnis, dass bereits im Zugang zu Print- und elektronischen Medien Kommunikationsbarrieren bestehen: aus 30 gesichteten Studien resümiert Bonfadelli positive Korrelationen zwischen Bildungsniveau oder Sozialstatus und Zuwendung zu Printmedien; für formale Bildung oder sozialen Status findet er eine negative Korrelation zur TV-Nutzung. Zudem stellt er bildungsspezifische Muster der Medienrezeption fest: Aufmerksamkeit, Informationsorientierung und Medienkompetenz stiegen mit dem Bildungsgrad (vgl. Bonfadelli 1994; 222f).

Wissenszuwächse differenziert Bonfadelli nach Medienformat. So zeigten Nutzer von Printmedien in 36 von 37 Studien unabhängig vom Bildungsniveau Wissensanstiege, während TV-Nutzer in der Hälfte der betrachteten Studien auch bei Nachrichtenprogrammen und Themen intensiver Medienpräsenz keine Lerneffekte aufwiesen. Für ein Viertel der Untersuchungen konstatiert Bonfadelli hierzu sogar eine negative Korrelation.

Einer heterogenen Verteilung kognitiver Bestände im öffentlich-politischen Themenbereich mit im Zeitverlauf zunehmenden Wissensklüften (in 14 von 26 Untersuchungen) stellt dieser Autor konstante bzw. abnehmende kognitive Diskrepanzen in jeweils einem Fünftel der zusammengetragenen Forschungsergebnisse gegenüber (vgl. ders. 1994; 223f). Von diesen Resultaten ausgehend ist Heinz Bonfadelli den Faktoren mit homogenisierender Funktion auf der Spur. Folgende Ebenen zieht er dafür heran (dazu ebd.; 224):

- *Themengebiete:* Rezipienten höheren Bildungsniveaus und sozialen Status' interessieren sich eher für Außenpolitik, Wirtschaft und Wissenschaft. Tendenziell gleichmaßige Wissensverteilung besteht für die Sozialsegmente in den Themen Sport, Human Interest, Showbusiness sowie lokalpolitische Inhalte. Intensive Präsenz eines Themas kann jedoch Wissensrückstände statusniedriger und formal weniger gebildeter Rezipienten ausgleichen.
- *Wissensebenen:* Bei Problem- bzw. Agendawissen, also bei tagesaktuellen Themen in Prioritätenfolge, sieht Bonfadelli eine Homogenisierung von Wissensdiskrepanzen im Zeitverlauf. Die gegenteilige Entwicklung führt er bei Hintergrund- und Strukturwissen an.

- *Operationalisierung des Wissens*: Die Datenerhebung kann zur Benachteiligung von weniger Gebildeten bzw. statusniedrigen Segmenten beitragen. Wenn den Probanden mit offenen Fragen eine Stellungnahme zu ihren Kenntnissen abverlangt wird, dann sind sie weniger als formal höher gebildete Schichten in der Lage, sich frei zu äußern.

Diese Faktoren zeigen methodische Schwächen der knowledge gap-Forschung auf. Bonfadelli erwägt zudem nichtmediale Drittfaktoren: Im Vergleich zu politischer Medieninformation, die oft abhängig von den Themen bei Rezipienten höherer Formalbildung bzw. sozialen Status' erfolgt, gibt er für Publika niedriger Bildung/Sozialstatus einen Bedarf an Randbedingungen an, „damit die *Aktivierung* (kursiv i. Orig., C.R.) von medienbezogener Aufmerksamkeit und Informationsaufnahme besser in Gang kommt" (ders. 1994; 226). In der Konsequenz der angeführten Forschungsergebnisse und der methodischen Differenzierung von medien-, wissensstruktur- und themenbezogenen Einflussfaktoren fordert Bonfadelli einen komplexeren Methodenapparat. Besonders die dynamische Entwicklung von Wissensklüften sieht er als zentrale Aufgabe, „[...] und zwar unter Mitberücksichtigung und Kontrolle von personenbezogenen mediatisierenden Prozessen auf der motivationalen wie kognitiven Ebene, aber auch unter Miteinbezug unterschiedlicher sozialer und medialer Kontexte, die als strukturelle Rahmenbedingungen fungieren" (ders. ebd.; 230) Gemäß den angedeuteten komplexen Erwartungen enthält Bonfadellis Untersuchungsmodell neue Hauptkategorien. Er versteht sie als einen sowohl situationsspezifischen als auch situationsübergreifenden theoretischen Bezugsrahmen zum Verlauf unterschiedlicher Wissensverteilungen:

1. Sozialer Kontext
2. Soziale Einbettung des Individuums
3. Personenbezogenes Kommunikationspotential
4. Kommunikationsrelevante Bedürfnisse und Werte
5. Lebenslage
6. Medienzuwendung
7. Mediensystem
8. Medienaussage
9. Differentielle Kommunikationseffekte

(so Bonfadelli 1994; 237, vgl. ders. 1987; 310f)

Die Fallstudie zur Mediennutzung und politischer Informiertheit umfasste drei Befragungen von zwei repräsentativen Stichproben aus den Räumen Zürich und Basel. (vgl. Bonfadelli 1994; 242f). Der soziale Status wurde mit zehn Indikatoren vom Geschlecht über die Muttersprache bis zum Berufstyp ermittelt. Zu Gewohnheiten der Mediennutzung wurde die Frequentierung von sieben Medienformaten und die Orientierung an Informationsangeboten erfragt. Das Themeninteresse der Probanden ging als Zuordnung persönlicher Vorlieben zu einem Themenkatalog in die Datensammlung ein; Fähigkeiten des Umgangs mit Medien und angebotenen Inhalten sollten die Befragten selbst einschätzen. Die Datenerhebung beinhaltete Fragen zum politischen Interesse, zur persönlichen Meinung vom politischen System, zur politischen Partizipation sowie zu Gesprächen politischen Inhalts im sozialen Umfeld. Mit einer Liste von Wertvorstellungen erhob man handlungsmotivierende Bedürfnisse der Probanden. Angaben zu Sach- und Personenwissen, zu Themenwissen und zur lokalen Problemhierarchie komplettieren die Datensammlung.

In den Resultaten wiesen die Nutzungsgewohnheiten auf eine Hierarchie des gewohnheitsmäßigen Mediengebrauchs hin. So gaben drei Viertel der Befragten an, täglich Zeitung zu lesen, zwei Drittel hörten jeden Tag Radio und etwa 40% berichteten von täglicher TV-Nutzung. Bei Berücksichtigung der täglichen Nutzungsdauer nimmt das Radio den ersten Rang vor dem TV ein. Die Untersuchung unterschiedlichen Zugangs und Nutzung der Medienformate bestätigt zunächst eine Kernhypothese der Wissenskluftforschung. Bücher- und Zeitunglesen erwies eine stärkere soziale Segmentierung hinsichtlich der soziodemographischen Faktoren. Besonders bei Büchern waren Zugangsbarrieren für sozial schlechter Gestellte zu erkennen. Nutzer von Printmedien waren in den demographischen Größen besser positioniert. Das Gegenteil fand Bonfadelli für TV-Zuwendung: ältere, weniger gebildete und statusniedrige Befragte gehörten tendenziell in allen abgefragten Programmsparten zu den Vielsehern. Für die Radiorezeption fand Bonfadelli ausgeprägt individuelle Nutzungsgewohnheiten, wobei die Zuwendung sich als negativ bildungsabhängig herausstellte. Formal besser Gebildete hören folglich weniger Radio als Publikum niedrigerer Bildung. Tageszeitungen haben nach den Ergebnissen weit mehr männlichen als weiblichen Zuspruch, was für alle Themenbereiche gilt. Politische Zeitschriften werden vorwiegend von männlichem Publikum mit höherer Bildung gelesen; weniger gebildete Leserinnen mit hoher Kaufkraft wenden sich bevorzugt den Illustrierten zu (vgl. Bonfadelli 1994; 376ff).

Der Umgang mit Medien wurde bezüglich (a) Glaubwürdigkeit und Informationsgehalt der Quellen, (b) für die Rezeption bedeutsame Erwartungen, (c) Intensität der Zuwendung oder Aufmerksamkeit und bezüglich (d) der Medienkompetenz analysiert.

Zu (a): Hier zeigte sich die Korrelation zwischen Bildung/Sozialstatus und Medienformat. Rezipienten höheren Bildungsgrades/Sozialstatus' verlassen sich mehr auf Printmedien, solche niedrigerer Bildung bzw. sozialen Status' auf TV- Berichte und Radio.

Zu (b): Bei statushöheren Rezipienten wurden die Motivationen Neugier, Orientierung, Partizipation und Kontrolle deutlich, wobei ein deutlicher Zusammenhang zwischen politischem Interesse und Zuwendung zu politischen Berichten zwecks Orientierung, Kontrolle oder Partizipation nachgewiesen werden konnte. Status- und bildungsniedrige Segmente nutzten die politische Medieninformation dagegen eher aus Gewohnheit und Pflichtbewusstsein.

Zu (c): Fast ein Drittel der Befragten gab an, Schwierigkeiten im Umgang mit politischer Berichten zu haben. Medienkompetenz wurde mit den Indikatoren Fremdwortverständnis, Komplexität der Berichte und deren Orientierung am Publikum erhoben. Hauptsächlich weniger Gebildete sowie Frauen und ältere Publikumssegmente ließen nur geringe Kompetenz im Umgang mit medienvermittelter Information erkennen.

Entsprechend der Aussage der Wissenskluft-Hypothese fand Bonfadelli „bezüglich der aktiven Informationssuche beträchtliche Unterschiede zwischen den verschiedenen sozialen Segmenten. Bildung, Schicht, sozialer Status und politisches Interesse korrelieren signifikant mit der aktiven Suche nach Medieninformation zu *Politik, Wissenschaft und Wirtschaft*" (kursiv i. Orig., C.R./Bonfadelli 1994; 380). Bei weiblichem Publikum war weniger Interesse an Themen der Politik und des Sports zu erkennen als an solchen der Lebensqualität.

Im Ergebnis konstatiert Heinz Bonfadelli eine nach Sozialsegment stark unterschiedliche Partizipation an Politik. Gemessen mit den Faktoren Interesse, Kompetenz, Kommunikation im sozialen Umfeld, aktive Partizipation und Vertrauen ins politische System beobachtete er bei Frauen eine weit geringere Integration in die aktive Politik als bei Männern, was sich im Gespräch über politische Themen und beim Urnengang noch am wenigsten zeigte. Jüngere Schweizer vertrauen dem etablierten politischen System am wenigsten, sie beteiligen sich jedoch tendenziell intensiver an politischen Situationen und am basisdemokratischen Prozess. Die soziodemographischen Merkmale korrelieren ansonsten hinsichtlich der politischen Partizipation mit den grundsätzlichen Annahmen der Wissensklufthypothese.

Die Resultate bestätigen den Zusammenhang von Werthaltungen der Rezipienten mit ihrer Medienzuwendung. Besonders politikbezogene Mediennutzung wird von persönlichen Wertorientierungen angeregt. Eine negative Korrelation ergab sich für „sicherheitsorientierte und materialistische Wertorientierungen mit dem Ausmaß des Fernsehkonsums allgemein und mit der Fernsehunterhaltung im besonderen" (so Bonfadelli 1994; 384).

Die zunehmende differentielle Wissensverteilung konnte, wie von der knowledge gap-Hypothese vermutet, mit der Verknüpfung der Aspekte soziale Segmentierung, Mediennutzung und Informiertheit deutlich belegt werden.

Vorrangig galt das Forschungsinteresse bei dieser Studie ausgleichenden Faktoren, die Wissensklüfte verringern können. Wie die Resultate zeigen, kommt der Grad politischer Informiertheit der Rezipienten einerseits durch Art der Lektüre, durch unterschiedliche Aufmerksamkeit und Medienkompetenz und zum anderen durch sozialen Status zustande. Wissensklüfte sind nicht auf den Sozialstatus der Publikumssegmente zu reduzieren. Interesse an politischen Themen, Partizipation und Mediennutzung sind relevante Faktoren politischer Informiertheit: sie „[...] können in bestimmten Fällen sogar so zusammen interagieren, dass es zu *ausgleichenden Wissensklüften* (kursiv i. Orig., C.R.) kommen kann. [...] Dies gilt z.B. auch für die Integration in Gewerkschaften und politische Vereine, die vor allem im unterprivilegierten Segment die Informiertheit über öffentlichkeitsrelevante Themen überdurchschnittlich begünstigt" (so ders.1994; 386f).

Bonfadelli weist auf die geringe Anzahl beobachteter Fälle hin, in denen wachsende Wissensklüfte mit stichhaltigem empirischen Nachweis dominieren; zwischen Zeitungs- und TV-/Radionutzern werde diese Entwicklung am deutlichsten erkennbar. Das Phänomen sei vornehmlich im Themengebiet Politik erwiesen und tendenziell darauf beschränkt. Insofern relativiert Bonfadelli Ungleichverteilungen medienvermittelten Wissens auf diesen Bereich. Als Erklärung dafür bietet er die geringe Aufmerksamkeit status- und bildungsniedriger Publika an, welche politischer Informiertheit weniger Relevanz zuschrieben (ebd.; 387).

Bonfadelli bleibt weitgehend dem Themenfokus Politik verhaftet. Medienwirkung verhandelt er, ganz nach früheren Wissenskluft-Annahmen, als Lerneffekte bzw. Wissenszuwächse, wobei demographische Maßstäbe überwiegen. Das erweiterte Untersuchungsmodell liefert zwar eine differenziertere Analyse des Nutzungsverhaltens, ist jedoch in der S->R-Tradition auf Induktion von Wissen via Medienangebot ausgerichtet (vgl. Erbring 1986; 42). In Bonfadellis differenziertem Modell werden soziales Umfeld, Rezipientenmotive und Merkmale der Kommunikatorseite weiter als intervenierende Variablen im Wirkungsverlauf mit Einfluss auf Wissenskluft-Entwicklungen behandelt.

Die mediatisierenden Faktoren beziehen sich in diesem Modell auf die Informationsfunktion der Massenmedien in einer Mediendemokratie. Wenn allerdings die Partizipation bildungs- und statusniedriger Schichten an der aktiven Politik als Wissenskluft-angleichender Faktor herausgestellt wird, so ist damit nicht viel mehr als der Informationsdrang politisch Interessierter aufgezeigt. Dem Wissenskluft-Modell Bonfadellis lassen sich nur insofern Hilfestellungen entnehmen, die zur Verringerung von Wissensklüften beitragen

2.1.3 Peter Winterhoff-Spurk: Medienkompetenz und Lerneffekte

Wissenskluft-Phänomene werden auch in der Psychologie untersucht. Von psychologischer Warte liegt der Forschungsschwerpunkt bei individuellen Lernprozessen bezüglich Erinnerungsvermögen, Fakten- und Strukturwissen, Wissen über Zusammenhänge und Hintergründe (vgl. Winterhoff-Spurk 1989/1999).

Der Organisations- und Medienpsychologe Peter Winterhoff-Spurk von der Universität Saarbrücken empfiehlt angesichts einer „stabilen und konsistenten Befundlage“ (ders. 1999; 18) der Empirie zur Wissenskluft-Perspektive, die Kompetenzen der Kommunikation auf Rezipientenseite stärker in die Forschung einzubeziehen. Damit ließen sich Nutzungsstrategien verschiedener Medienformate in verschiedenen sozialen Schichten präziser beschreiben. Winterhoff-Spurk führt in diesem Kontext Fähigkeiten im Umgang mit Informationstechniken und Medienangebot an. Er bezieht sich auf Telearbeit und Teleshopping, Online-Dienste, Spartenkanäle, Video-on-Demand, Internet, multimediafähige Computer, Video- und Computerspiele, Telefon und Fax (ebd.; 20). Diese Aufzählung wäre sicher je nach neuestem Stand der Technik zu erweitern.

Zusätzlich zu technischer Bedienungskompetenz unterscheidet Winterhoff-Spurk Sach-, Selbst- und Sozialkompetenzen. Mit Hilfe eines präzisierten methodischen Instrumentariums sieht er Möglichkeiten zur Förderung der einzelnen Kompetenzbereiche, die den Rezipienten mittel- bis langfristig als Unterstützung beim Umgang mit Technik und Medien zukommen kann. Wissensklüfte sind nicht unumkehrbar: „Allerdings findet sich auch, dass gründlich konzipierte und systematisch evaluierte Curricula zur technik-, selbst- und sozialbezogenen Mediennutzung deutlich zur Entwicklung von Medienkompetenz - und damit zum Abbau von Wissensunterschieden - beitragen können.“ (so ders. ebd.; 21) Diese Forschung kann auf dem hier angedeuteten Weg ihre Hilfe zum Abbau sozialer Diskrepanzen leisten. Wenn sie Bildungsbedarf und Förderchancen aufzeigt, unterstützt sie die Funktionalität der Massenmedien in mediendemokratisch organisierten Gesellschaften.

2.2 Nutzen- und Belohnungsansatz

Die Forschungsfrage „Was machen die Menschen mit den Medien?“ ist für den uses and gratifications-Ansatz richtungweisend. Dieses Konzept stellt die bewusste Abkehr vom S->R-Modell der Medienwirkungen dar; im Mittelpunkt steht nun der aktive Rezipient mit seinen Bedürfnissen sozialen und psychischen Ursprungs. Je nach individueller Bedürfnislage hegt er Erwartungen an seine Umwelt und ein Weg zu dieser Selbst-Belohnung ist die Mediennutzung. Dabei sind Medien nur eine Quelle der Bedürfnisbefriedigung unter vielen, die je nach Bedarf genutzt werden (dazu Leber 1988).

Seit seiner ersten Formulierung wurde der Nutzen- und Belohnungsansatz stetig weiterentwickelt. Michael Schenk unterscheidet zwei theoretische Verankerungen (vgl. Schenk 1987; 387ff):
(1) Funktionalistische und strukturell-kulturelle Position
(2) Handlungs- und Motivationstheorie

Zu (1): Die funktionale Analyse untersucht Konsequenzen sozialer Phänomene für die Aufrechterhaltung von Systemen von der gesamtgesellschaftlichen Analyse bis hin zu der von Subgruppen und einzelnen Mitgliedern. Von soziostrukturell-kultureller Warte wird Medienkommunikation primär in gesellschaftlichen und kulturellen Zusammenhängen betrachtet. Nach Schenk lässt sich der strukturell-kulturelle Nutzenansatz als Teil der funktionalen Analyse behandeln, „wenn man als Analyseeinheit die Gesamtgesellschaft bzw. -kultur wählt und nicht - wie in vielen funktionalistischen Gratifikationsstudien - bloß auf der Ebene des personalen Systems fixiert bleibt." (so Schenk 1987; 388)

Zu (2): Eine handlungs- und motivationstheoretische Ausrichtung der Gratifikationsforschung konzentriert sich auf Beweggründe und Handlungen bei der Medienzuwendung des Rezipienten. Diese Perspektive räumt dem sozialen Kontext eindeutigen Vorrang vor der Zweckorientierung des Einzelnen ein. Schenk weist darauf hin, dass mit Hilfe von Theorien des symbolischen Interaktionismus ein Beitrag zur Klärung von Selbstentfaltung und Entwicklung der Rezipientenfähigkeiten geleistet werden sollte, denn so „könnten nämlich auch stärker die *Wahrnehmungs-* und *Interpretationsprozesse* (kursiv i. Orig., C.R.) der Rezipienten - kennzeichnend eigentlich für ein „aktives Publikum" - untersucht werden, die bei einer rein funktionalistischen Perspektive außer Betracht bleiben" (so Schenk 1987; 388).

Der Nutzenansatz hat besonders die Vorgehensweisen eines handelnden Publikums zu fassen, welches verschiedene Medien und Inhalte selektiv, d.h. orientiert an eigenen Bedürfnislagen nutzt. Dieses grundlegende Bestreben brachte im Zusammenhang mit einer Renaissance der Handlungstheorie in den Sozialwissenschaften (dazu Merten 1992; 79) zwei Beschreibungen des Handlungsbegriffs bei der Medienrezeption hervor. Schenk nennt sie die zwei handlungstheoretischen Paradigmata:

(1) *Normatives* (soziologisches) bzw. *dispositionales* (psychologisches) Paradigma der Handlungstheorie. Handlungen der Rezipienten werden hier mit psychischen Bedürfnissen und Einstellungen sowie mit soziologischen Faktoren (Normen, Werten, Rollen) erklärt.

(2) *Interpretatives* Paradigma in Anlehnung an den symbolischen Interaktionismus: Das Publikum weist den Medieninhalten in eigenen Interpretationen Bedeutung zu (vgl. Lippert 1987; 39). Als Persönlichkeiten erlangen die Rezipienten Distanz zu sich;

die Reflexion als Selbstbezüglichkeit in der Interaktion mit anderen, welche die Übernahme von Rollen anderer beinhaltet, befähigt sie zur Handlung in ihrer sozialen Umwelt. Anstatt zur bloßen Reaktion auf äußere Dränge und Zwänge genötigt zu sein, wird ihnen ein gewisses Maß an Kompetenz zur selbstbewussten Handlung zugesprochen. An die Stelle einer Reizumgebung, die Handlungen primär in Form von Reaktionen zulässt und die Menschen letztlich manipuliert, tritt im interpretativen Paradigma der Mediennutzung der Interpretationsprozess des Handelnden. Medienrezeption ist damit Teil sozialen Alltagshandelns.

Der Kommunikationsprozess gilt in der Gratifikationsforschung aber nicht ausschließlich als einseitige Selbstbedienung des Publikums. Mit den Termini „parasoziale Interaktion“ und „Rückkoppelung von Handlungsmustern der Rezeption“ soll hier eine wechselseitige Dynamik angedeutet sein, an welcher Kommunikatoren und aktive Publika teilhaben. Dabei sind verschiedene Wirklichkeitskonzepte der Kommunikationsteilnehmer denkbar, die in unterschiedlichen Realitätskonstruktionen entstehen (vgl. Renckstorf 1998; 29f): Wenn die Quoten für das tägliche private Talkprogramm steigen, so geschieht das evtl. nicht überwiegend aus ernsthaft mitfühlender Teilnahme der Zuschauer am TV-Geschehen zwischen moralisch korrekten Gastgebern und zur Schau getragenen Problemen der Gäste, sondern schon aus voyeuristischen Motiven des Publikums, das sich bewusst über die Inszenierungen amüsiert. Aprilscherze der Medienmacher in Nachrichten und Infotainment-Sendungen bewegen sich bewusst auf dem Grenzgang zwischen Verständnis und Missverständnis.

2.2.1 D. H. Weaver: kognitive Orientierung und individuelle Bedürfnisse

David H. Weaver forschte 1980 nach Medieneffekten als Zusammenhang individuell bedingter Gratifikationen mit allgemeinem Wissensdrang bzw. mit dem Bedürfnis nach kognitiver Orientierung seitens der Rezipienten. Der Professor für Journalismus und Direktor des Bureau of Media Research an der Indiana University nahm Bezug auf die Gratifikationsforschung der 1960er und 70er Jahre, auf deren Untersuchungsgegenstände er seine Studie gründet. Weaver untersuchte Publikumshandeln bei der Nutzung von Zeitungen und TV zu Zwecken politischer Bildung.

Eine dynamische Verknüpfung verschiedener individueller Gratifikationen erschwert für Weaver die begriffliche Trennschärfe bei Hypothesenbildung und empirischer Prüfung (dazu Sturm 1982; 89). Die Strategien zur Befriedigung von Bedürfnissen bei der Medienauswahl und -nutzung führt Weaver in drei Orientierungen des Publikums aus: „*cognitive* (surveillance, vote guidance seeking, and reality exploration); *diversion* (entertainment, excitement); and *personal identity* (reinforcement, salience of personal experiences)" (Kursives wie i. Orig., C.R./Weaver 1980; 362).

Weaver bezieht sich vorrangig auf die kognitive Orientierung, nach der das Publikum aus einem vielfältigen Medienangebot Informationen zur politischen Lage und zu seiner Lebensumwelt gewinnen will. Seine Forschungsfrage zielt auf die Erklärungskraft der allgemein-kognitiven Orientierung für Medienwirkungen ab: Kann man letztere mit dem allgemeinen Drang nach kognitivem Informationsgewinn besser erklären und prognostizieren als über die individuelle Gratifikationssuche? Oder lässt sich mit einem Zusammenhang beider Bedürfnisse mehr aussagen?

Zur methodischen Einbindung des Drangs nach Bedürfnisbefriedigung kognitiver Struktur nennt Weaver die utilitaristische Motivationstheorie aus der Psychologie: „[...] the utilitarian theories seem particularly appropriate for explaining political information seeking and cognitive effects, because these theories emphasize the role of information in problem solving" (Weaver 1980; 364). Der Rezipient nutzt seine Fähigkeiten als Problemlöser in seiner Umwelt und im Umgang mit ständigem Wissenszuwachs bei sich selbst.

Weaver behandelt allgemein-kognitive Orientierung und individuelle Gratifikationssuche als mögliche Bedingungen („contingent conditions") für Medienwirkung. Rezipienten erzeugen die Wirkung also mit ihren speziell-persönlichen und allgemeinwissensbezogenen Erwartungen selbst: „In using the contingent conditions approach, each person is classified according to which political gratifications he or she expects from media content, *and* (kursiv i. Orig., C.R.) his or her level of need for orientation about politics" (Weaver 1980; 366).

Nutzung und Effekte operationalisiert Weaver als Funktion von Rezipientenmotiven. Er beschreibt Medienwirkung einmal als (a) Korrelation der Frequenz der TV- und Zeitungszuwendung zwecks politischer Information mit der Frequenz der Diskussion politischer Themen im sozialen Umfeld. Einen zweiten Wirkungstyp nennt er (b) die Korrelation der Frequenz der Mediennutzung (Zeitung und TV) mit politischer Informiertheit.

Für die Studie wurden während der Wahl zum US-Kongress 1974 Interviews mit 339 registrierten Wählern geführt. Man befragte die Probanden zur Mediennutzung zwecks politischer Information; dabei wurden Daten zu politischer Einstellung und Interesse, zur Identifikation mit Parteien und politischen Diskussionen im sozialen Umfeld gesammelt.

Im Ergebnis besteht für den ersten Wirkungstyp (a) ein größerer Zusammenhang zwischen Zeitunglesen und politischer Diskussion als dies beim TV-Konsum festzustellen war. Rezipienten verschiedenster politischer Einstellungen mit ausgeprägtem Orientierungsdrang nutzen eher Print-Informationen und persönlichen politischen Diskurs als das Fernsehen. Daraus folgert Weaver, dass die Suche nach Orientierung bei der Zeitungslektüre eine größere Rolle spielt als Bestärkung und Belohnung eigener Ansichten. Auch für Typ (b) gilt, dass Rezipienten mit hohem und mäßigem Orientierungsbedürfnis sich tendenziell mehr den Printmedien zuwenden, solche mit niedrigem Drang zur Orientierung sind eher TV-Nutzer.

Den größten Lerneffekt findet Weaver für TV-Publikum mit geringem Orientierungsdrang, das sich Nachrichten ansieht, um Auffassungen bestätigt zu sehen oder sich aufzuregen (excitement). Große Effekte beobachtet er auch bei Rezipienten mit Orientierungsbedürfnis, die ihre Einstellungen auf geringes Vorwissen aufbauen und sie intensivieren wollen.

Weaver schreibt dem allgemeinen Wissensdurst als möglicher Wirkungsbedingung mehr Bedeutung zu als der spezifisch-individuellen Überwachungs- und Kontrollgratifikation (surveillance), dem individuellen Bedürfnis nach dem neuesten Wissensstand. Er begründet diese Entscheidung mit dem größeren Einfluss kognitiver Orientierungssuche auf den Zusammenhang von Mediennutzung und -wirkung. Methodische Vorteile sieht dieser Autor in der allgemeinen Messgröße „need for orientation“, obwohl es sich um eine abzuleitende und indirekte Größe handelt: „[...] such general measures might be more easily standardized across different studies to provide more comparable findings“ (so Weaver 1980; 373).

Bei dieser allgemeinen Nutzenorientierung zwecks politischer Information, von Weaver als weitgehend homogenes Kennzeichen des Publikums gefasst, geraten allerdings individuelle Eigenschaften der Rezipienten in den Hintergrund. Rationale Strategien der Problemlösung, motiviert von allgemein-kognitiver Neugier, übernehmen den methodischen Anspruch, Medienwirkung besser erklären zu können als individuelle Motivationen. Letztere lassen sich mit Weavers Ansatz kaum erreichen.

2.2.2 A. M. Rubin: Suche nach Information und Unterhaltung

Alan M. Rubin, Professor für Telekommunikation an der Kent State University, untersuchte 1983 Nutzungsmotivation und Zuwendungsmuster des TV-Publikums. Rubin wollte Beweggründe für TV-Nutzung, Einstellungen und Verhalten erwachsener Zuschauer erkunden. Er suchte Muster in den Motivationen zur TV-Nutzung und -zuwendung, um Zuschauerverhalten und -einstellungen zu erklären (vgl. Rubin 1983; 39).

Rubins Katalog von Motivationen enthält neun Hauptkategorien, jeweils präzisiert mit drei Aussagen. Im Spannungsfeld zwischen Eskapismus und Informationssuche wurden Stellungnahmen der Probanden zu den Nutzungsmotiven „arousal, information, social interaction, entertainment , pass time, habit und companionship" eingeholt (vgl. Rubin 1983; 41). Dazu untersuchte Rubin zwei Kategorien der Nutzungsmuster: „viewing behaviors" meint die Dauer der Zuwendung sowie Inhalte des bevorzugten Programms. Die Auswahl umfasst vom Kinderprogramm über Sport bis zu Nachrichten zehn Sparten. Mit „television attitudes" bezeichnet Rubin die Einstellung der Probanden zum Medium, ihre Nähe oder Distanz dazu sowie Realitätsbezüge. Informationsorientierte suchen Neuigkeiten über ihre soziale Wirklichkeit, während eskapistische Nutzung zur Identifikation mit dargestellten Szenarios tendiert und die (soziale) Wirklichkeit beurlauben will.

Wechselseitige Einflüsse zwischen den Motivationen der TV-Zuwendung fand Rubin mit einer Ausnahme für alle Hauptkategorien: Gewohnheitsmäßiger Zeitvertreib zeigte sich als unabhängig von den anderen Motivationsmustern (vgl. Rubin 1983; 44f). In der Beziehung zwischen „viewing motivation" und „viewing pattern" erkennt Rubin zwei Grundmuster:

- *Suche nach Unterhaltung*: „Those Individuals who are motivated to watch television to seek entertainment or amusement, while viewing out of habit to pass the time of day for boredom belief, reveal substantial affinity with the medium, watch con-

siderable amounts of television and perceive television content as being a rather realistic portrayal of life" (ders. 1983; 46). Diese Rezipientengruppe sieht das Medienangebot als realitätsnahe Abbildung und fühlt sich bis zur psychischen Abhängigkeit zur vermeintlichen Wirklichkeit hingezogen.
- *Suche nach Information*: „Those individuals who use TV to seek information, but not to escape from or forget about life's problems, view talk-interview, news and game show programming, and watch fairly high levels of television" (ders. 1983; 47). Der Informationsdrang führt zur Rezeption dokumentarisch-informativer Sendungen; der Zuschauer will der „wirklichen" Realität nicht in die Medienrealität entfliehen.

In Rubins Nutzertypen steckt durchaus mehr als nur die Enden des Spannungsbogens zwischen Eskapismus und Wissensdurst. Er diskutiert den Unterhaltungssuchenden im Kontext des Medienangebots: „This model of audience use or dependence on television emphasizes the communication *medium* (kursiv i. Orig., C.R.) itself. [...] the consequences of habitual/pass time/entertainment use of a communication medium, that is held high in regard, lie in sizable viewing levels with no obvious program preferences. It would be of interest for future investigations to further observe additional communication and social consequences of this television use model. For example, what are the pro- and antisocial cultural consequences of watching large quantities of television to gratify habitual, entertainment needs?" (ebd.; 48f). Rubin räumt ein, eskapistisches Verhalten müsse nicht zwingende Folge oder charakteristisches Merkmal des unterhaltungssuchenden Nutzertyps sein. Es ginge allerdings mit quantitativ deutlich intensiverem Medienkonsum und mit stark habitualisiertem Mediengebrauch einher.

Den zweiten, informationssuchenden Nutzertyp beschreibt Rubin als lernwillig und realitätsnäher: „This model of audience use of television emphasizes the *content* of a communication medium. It highlights the active seeking of messages to gratify certain needs [...]. The social and cultural consequences of this information-seeking and avoidance dichotomy, as well as the complementary nature of mass and interpersonal communication channels for information seeking and gratification need to be further examined in subsequent research" (so Rubin 1983; 50). Die TV-Zuwendung gilt bei diesem Nutzertyp als Lernprozess für soziale Beziehungen, aus denen wieder Anregungen für weitere TV-Nutzung der beschriebenen Art entstehen. Anstatt wie der eskapistische Nutzertyp in vermehrtem Medienkonsum Unterhaltung zu suchen, wählen Informationssucher laut Rubin spezielle Programme nach ihren Präferenzen.

Auch wenn Rubin von einer dichotomischen Unterscheidung der Nutzertypen ausgeht, so sollten doch nuancierte Muster, Zusammenhänge zwischen Motivationsfaktoren und die Mannigfaltigkeit der Einstellungen mehr Berücksichtigung finden: Erst aus dieser Vielzahl von Faktoren wird eine dichotomische Einteilung in informations- und unterhaltungssuchende Nutzungsmuster sinnvoll. Rubin relativiert die Merkmale seiner beiden Nutzertypen, indem er sie einander annähert: „[...] escapist television use implies watching television to get away from problems, tasks or people; however, it also possesses a somewhat active content-seeking connotation from the arousal items with substantial loadings on the escape factor in the factor solution" (Rubin1983; 49f).

Dem Informationssuchenden gesteht Rubin in diesem Vermittlungsversuch weniger Merkmale seines Gegenparts zu als umgekehrt; er fragt diesbezüglich „What are the specific information needs, how do these needs vary among different societal groups, and what situational, personality and social conditions play a role in the dependence on television or other communication channels to gratify these informational needs?" (ebd.; 51) und empfiehlt die Beantwortung der zukünftigen Forschung.

Im Vergleich zu Weavers Studie von 1980 finden individuelle Strategien zur Befriedigung differenzierter Bedürfnissen bei Rubin mehr Beachtung. Insofern ist eine Hinwendung zu verschiedenen Einflüssen wie Motivationen, Einstellungen und Verhalten auf Nutzungsmuster zu erkennen. Die wechselseitige Einflussnahme der Faktoren im Rezeptionsprozess konkretisiert Rubin jedoch über den vagen Vermittlungsversuch hinaus nicht.

2.2.3 Rayburn und Palmgreen: gesuchte und erhaltene Gratifikation

Einen Schritt in diese Richtung gingen J. D. Rayburn II und Philip Palmgreen mit ihren Untersuchungsreihen von 1982 und 1984. Sie beschäftigten sich mit dem Zusammenhang von gesuchten und erhaltenen Gratifikationen, mit dem Verhältnis von Bedürfnissen aktiver Rezipienten und ihrer Befriedigungen bei der Medienzuwendung. Dazu betrachteten sie besonders Meinungen, Überzeugungen und Erwartungen, die Selektionsverhalten, Aufnahme und Verarbeitung von Medieninhalten bestimmen. Die Autoren führten ihre Untersuchungen mit Hilfe des „expectancy-value approach“ durch. Sie charakterisieren diesen Ansatz wie folgt: „[...] the various theories under this label differ somewhat in their emphases [...], all view either behavior, behavioral intentions, or attitudes (or all three) as a function of (1) expectancy (or belief) - that is, the perceived probability that an object possesses a particular attribute or that a behavior will have a particular consequence; and (2) evaluation - that is, the degree of affect, positive or negative, toward an attribute or behavioral outcome“ (so Rayburn/Palmgreen 1984; 538).

Per Medienrezeption gesuchte Gratifikation lässt sich nach Rayburn und Palmgreen in dieser Forschungsperspektive als Funktion von Überzeugungen und Bewertungen oder Beurteilungen ermitteln: $GS_i = b_i e_i$. Dabei bedeuten GS_i die gesuchten Gratifikationen, b_i die Überzeugung (belief) hinsichtlich des Mediums und Inhalts, nach der Befriedigung erreicht werden kann, und e_i bezeichnet die gefühlsmäßige Bewertung (evaluation) des erwarteten Resultats der Zuwendung (vgl. dies. 1984; 539).

Nach diesem Ansatz gehen individuell gesuchte Befriedigungen also aus Überzeugungen und Einschätzungen der Rezipienten selbst hervor. Jedes Publikum kann Gratifikationen folglich nur seinen Erwartungen entsprechend erhalten, was sich wieder auf Bewertungen auswirkt und weiteres Rezeptionshandeln beeinflusst. Will sich etwa jemand beim Fernsehen entspannen, so wird er ein Programm wählen, von dem er sich die Befriedigung dieses Bedürfnisses erwartet. Mit der erhaltenen Gratifikation Entspannung wird sich seine grundsätzliche Einstellung verstärken (oder verringern, falls er sich aufgeregt haben sollte).

Die persönliche Einstellung zu einer Situation wird demnach von Rückwirkungen erhaltener Befriedigung beeinflusst. Aufgrund vorangegangener Erfahrungen antizipiert das Publikum Gratifikationspotentiale von Medieninhalten: „The concept of belief as used here (subjektive Überzeugung, Einstellung, C.R.) refers to the subjective probability that a media object possesses a particular attribute in the general sense, i.e., as a defining characteristic of an object“ (Rayburn/Palmgreen 1984; 541). Rezipientenfähigkeiten zur Beurteilung von Situationen sehen

Rayburn und Palmgreen dabei als „relatively stable elements of that are the products of an individual's needs and value system" (dies. ebd.; 540/s. Anhang Abb. 3).

Mit Befragungen von Studenten der Kommunikationswissenschaften an der Universität von Kentucky testeten die Autoren zwei Hypothesen. Die erste vermutet einen stärkeren Zusammenhang zwischen Einstellungen und Überzeugungen mit erhaltener Gratifikation als zwischen affektiven Bewertungen und Urteilen mit erhaltener Befriedigung. Die zweite Hypothese konstatiert eine Korrelation des Produkts aus Einstellungen/Überzeugungen und Beurteilungen mit erwarteten Gratifikationen – dafür wurde die Zuwendung zu Fernsehnachrichten allgemein und jene zu Nachrichtensendungen untersucht, welche die Probanden bevorzugten. Die Autoren gingen zudem von einer hierarchischen Struktur der erlangten Gratifikationen von höher eingeschätzten Befriedigungen aus den favorisierten Programmen hin zur schwächeren Erfüllung des Informationsbedürfnisses durch allgemeines Angebot aus. Diese Annahme erwies sich jedoch als nicht belegbar.

Die anderen Hypothesen wurden von der Empirie weitgehend bestätigt: „The results clearly support both the assumption of a hierarchical structure of gratifications obtained at different levels of abstraction and the correspondence hypothesis" (so dies. ebd.; 548).

Die Autoren betonen, dass gesuchte und erlangte Gratifikationen auf dem gleichen Abstraktionsniveau erhoben werden sollten. Nutzung bevorzugter Programme sollte also getrennt von der des allgemeinen Programmangebots behandelt werden: „Measurement of GS and GO (gratifications sought/obtained, C.R.) at the same level of abstraction is crucial to direct comparison of communication outcomes with what is sought, which in turn is essential to a uses and gratifications theory of media consumption" (ebd.; 554). Hier wird den verschiedenen Erwartungen Rechnung getragen, die sich mit Nutzungsgewohnheiten und Orientierung im allgemeinen Medienangebot verbinden.

Zur Erweiterung der Uses and Gratifications-Perspektive empfehlen die Autoren ein vergleichendes Modell, das neben der Mediennutzung andere Alternativen der Bedürfnisbefriedigung einbezieht. Damit beabsichtigen sie, Medienwirkung im sozialen Kontext zu beschreiben: „[...] it would be based on the very sound assumption that the selection of media and nonmedia sources of gratifications does not occour in a vacuum, but involves multiple alternatives available" (so Rayburn/Palmgreen 1984; 558). Das ist der Verweis auf eine zentrale Aussage des Nutzenansatzes, denn dieser fasst Zuwendung zum Medienangebot als eine von vielen Möglichkeiten zur Bedürfnisbefriedigung.

Von deutscher Seite wurde dem uses and grats-approach als Reaktion auf „hohen Rechtfertigungsdruck" ein Forschungsboom nachgesagt (so Schönbach 1984; 63). Diese Forschung systematisiert laut Kritikern Motivationen der Medienzuwendung und erkläre daraus den Nutzen als Wirkung, sie folge der S->R-Tradition unter Berücksichtigung von Publikumsmerkmalen. Klaus Schönbach fordert, der Medienseite mehr Relevanz zuzuschreiben, anstatt die Untersuchungen ganz auf das Publikum zu verlagern, da erstere die Muster ihrer Nutzung erst hervorbringe: „Wie stark [...] die Medien selbst durch ihr Angebot, seine Verpackung und die Herstellung eines günstigen Verkaufsklimas dafür sorgen können, dass Rezipienten meinen, sie könnten davon Gratifikationen erhalten, zeigt etwa der Erfolg von 'Dallas' und 'Denver-Clan'" (ders. 1984; 64). Schönbach weigert sich, die Medien bei der Theorienbildung nur durch die nicht immer ganz klare Brille der Rezipienten zu betrachten. Angesichts des Zeitpunkts der Diskussion Mitte der 1980er Jahre ist diese Kritik nachzuvollziehen, da Funk und Fernsehen in Deutschland noch zumeist öffentlich-rechtliche Programme sendeten. Private Anbieter erweiterten das Angebot in der BRD erst zum Ende dieser Dekade zu einer mit den USA eher vergleichbaren Situation.

Bezüglich empirischer Studien wird eine „Theorielosigkeit des Ansatzes" (Merten 1984; 67) der Nutzenforschung bemängelt. Die atheoretische Konzeption sei in der strengen Fokussierung des Rezipienten begründet und begnüge sich mit Motiven des Publikums: „Selektives Handeln des Publikums wäre folglich ein Allgemeinplatz zur Versammlung verschiedenster Theorienansätze, die mit der aktiven Rezipientenbild ebenso beschränkt blieben wie kommunikatororientierte Ausrichtungen der S->R-Tradition " (ders. 1987; 66f).

Dem wäre entgegenzuhalten, dass sich die unterschiedlichen Versionen des uses and grats-approach gerade als rezipientenorientierte Forschung ad absurdum führten, wenn sie inhaltliche Aspekte oder solche der Kommunikatorseite in den Vordergrund rückten. Bei aller Beschäftigung mit aktivem Publikum werden außerdem das Medienangebot und eine prozessuale Auffassung von Kommunikation berücksichtigt. Die empirische Gratifikationsforschung stellt Untersuchungen der Nutzung in Verbindung mit Gewohnheiten und Routinen der Mediennutzung an (dazu auch Schenk 1987; 371). In diesem Rahmen werden wenigstens drei Phasen der Nutzung unterscheidbar: eine präaktive Stufe in Vorbereitung der Medienzuwendung, eine Stufe der Aktivität während der Zuwendung und eine postaktive Stufe des sozialen Nutzens nach der Rezeption.

Volker Ronge spricht dem uses and grats-approach sogar jeden Anspruch auf die Etikettierung als Bezugsrahmen, Paradigma, Forschungskonzept und Ansatz ab. Er stelle nur eine „Hypothese mit empirischen Anspruch“ (ders. 1984; 76) dar, denn seine Implikationen seien ausschließlich an der Empirie prüfbar. Den Vorwurf atheoretischer Ausrichtung sieht Ronge im Zirkelschluss der publikumsorientierten Forschung begründet, die mit subjektiv-individualistischer Befragung Motive und Nutzungsmuster der Rezipienten erhebt und die Kommunikatorseite entproblematisiere oder völlig außen vor ließe. Auch die Zuhilfenahme des symbolischen Interaktionismus als soziologischem Paradigma hält Ronge für zu kurz geraten; er bemängelt auch hier das individualistische, strikt rezipientenorientierte Blickfeld der Nutzenforschung: „Vielmehr bauen beide kommunizierenden und interagierenden 'Sozialpartner' zusammen im Prozess ihrer Kommunikation und Interaktion sich ihre (=soziale) Welt auf: z.B. Medienanbieter und Mediennutzer“ (so ders. ebd.).

Ronge bekräftigt, nur soziologische Theoriebildung im Kontext einer Dialektik von Vergesellschaftung und Vereinzelung könne eine adäquate Abbildung sozialer Realität leisten: „So sehr Gesellschaft und Individuum nur im dialektischen Zusammenhang, im Bezug aufeinander, zu begreifen sind, so wenig lassen sich auf theoretischer Ebene die Vorgänge der Sozialisation und der Individuation gegeneinander ausspielen, sondern bestenfalls analytisch unterscheiden“ (so Ronge 1984; 80). Er erkennt die Ideologie des Nutzenansatzes darin, dass Medienwirksamkeit aus Strategien der Rezipienten resultiert, mit welchen sie ihre Ziele der Bedürfnisbefriedigung erreichen. Das diene Zwecken der Konsumforschung und der Werbetreibenden. Auf dem Weg der publikumsorientierten Medienforschung werden demnach empirische Belege für einen homo oeconomicus gesammelt: Das Interesse richte sich an Bedürfnisstrukturen und ihre Folgen im beobachtbaren (Medien)Konsumverhalten aus (vgl. ebd.; 73ff).

Mit Palmgreen ist dieser Position zu antworten, dass Gratifikationsforschung sich in ihrer Ausrichtung eben mit rezipientenorientierter Mediennutzung und -wirkung beschäftigt. Er stellt den Theorieanspruch des Ansatzes wie folgt dar: „Wenn eines der Konzepte in der theoretischen Struktur als zentral angesehen werden kann, so sind es die bei der Mediennutzung gesuchten Gratifikationen; damit wird der motivationale Charakter der „uses and gratifications"-Theorie hervorgehoben. Das Modell zeigt aber deutlich, dass auch die gesuchten Gratifikationen nicht isoliert betrachtet werden können, da sie mit einem ganzen Bündel vorhergehender und nachfolgender Variablen - medialer, wahrnehmungsspezifischer sozialer und psychologischer Art - verknüpft sind" (so Palmgreen 1984; 58). Bei den Desideraten der Gratifikationsforschung geht es um Dynamiken des Rezeptionshandelns, welches sich auf ständige Neuerungen in Programminhalten, -strukturen und technischen Kommunikationsmöglichkeiten einstellen kann und muss (vgl. ders. 1984; 58).

Hier werden Aspekte der agenda-setting-Funktion der Medien deutlich, nach der das verfügbare Angebot dem Publikum Themen in einer Prioritätenfolge vorgibt und damit maßgeblich zur Konstruktion von sozialer Wirklichkeit beiträgt: „Earlier Studies have suggested that higher levels of need for orientation are associated [...] with increased use of mass media for political Information, and with increased aggregate agenda-setting effects [...]" (so Weaver 1980; 365f). Gratifikationsforschung muss also die Kommunikatorseite nicht unbedingt aus ihrer hypothetischen Konzeption ausschließen - empirisch befasst sie sich allerdings nicht ausdrücklich damit.

Wie aus den Arbeiten Weavers (1980) und Rubins (1983) deutlich wird, bedient sich die Gratifikationsforschung methodischer Werkzeuge wie des „contingent conditions approach" und der Nutzertypen-Bestimmung, um als relevant angenommene Veränderliche im Kontext von Bedürfnissen, Motivationen und Mediennutzung operationalisieren zu können. Rubin verortet seine Nutzertypen im Feld Medium-Botschaft-Publikum; er beschränkt sich durchaus nicht auf Rezipienteninterna, wenn er sie auch zentral behandelt.

2.3 Das dynamisch-transaktionale Modell

Die Anfänge des transaktionalen Verständnisses von Kommunikation lagen bei Davison (1959) und Bauer (1964). Sie wollten Rezipienten nicht länger als passive Ziele von Medienmanipulation sehen und plädierten für eine Perspektive des Wirkungsgleichgewichts, in der alle Beteiligten Nutzen aus dem Kommunikationsvorgang ziehen (Bauer 1964; 319).

Zu Beginn der 1980er Jahre griffen Werner Früh und Klaus Schönbach diesen Ansatz auf. Sie möchten ihr Transaktionskonzept nicht als Nutzenoptimierung, bei der rationale Kriterien und vorab definierbare Ziele dominieren, missverstanden wissen: „Transaktionen im Sinne unseres Modells finden dort viel öfter habituell, unbewusst und im affektiven Bereich statt. [...] Selbst innerhalb eines kurzfristigen Kommunikationsvorgangs kann sich ein Zweck wandeln oder von einem anderen abgelöst werden. Darüber hinaus kann es *mehrere* (kursiv i. Orig., C.R.) bewusste oder unbewusste Ziele geben, die simultan Handlungen leiten" (so Schönbach/Früh 1984; 314). Wie lassen sich Wirkungen mit diesen Annahmen aber dann theoretisch darstellen und analysieren? Abgesehen von den Schwierigkeiten, die das Modell allein für die Theoriebildung bezüglich der Motivationen auf Rezipientenseite impliziert, mutet der zweite Hauptaspekt kaum weniger komplex an. Zentrale Beachtung findet zusätzlich die Dynamik von Rezeptions- und Wirkungsprozessen. „Der Rezipient bleibt im Verlaufe eines Wirkungsprozesses nicht derselbe: die Vorstellung, *ein* Individuum treffe mit *einem* Medienangebot zusammen (kursiv i. Orig., C.R.), ist eine unzulässige Vereinfachung. Auch die Medienbotschaft bleibt als Stimulus nicht dieselbe, weil die kognitiven wie aktivationalen Entwicklungsprozesse beim Rezipienten zugleich das Wirkungspotential der Medien verändern" (Früh/Schönbach 1982; 84). Hier sollen Prozesscharakter und bewusste wie vorbewusste Motivationen, die sich wechselseitig mit dem Wissensstand der Rezipienten beeinflussen, in ein Wirkungsmodell einfließen. Medium, Botschaft und Publikumsverhalten werden gleichermaßen als relevante Faktoren im Wirkungsprozess gesehen.

Schönbach und Früh gehen im transaktionalen Modell von multikausaler Wirkungsgenese aus: „In ihm sind sowohl Kommunikationsaussagen als auch bereits im Rezipienten vorhandene Kognitionen und Affekte (z.B. auch solche, die das Bild vom Kommunikator betreffen) Ursachen. [...] Allerdings wird im Verlauf der Transaktion eine der Ursachen - die medienvermittelte Botschaft - im kognitive System des Rezipienten erst als Stimulus konstituiert. Diese Konstitution ist damit aber keineswegs unabhängig von Merkmalen der Botschaft, sondern er verwendet sie als objektiv vorhandenes Potential, das der Rezipient jedoch selektiv und elaborativ verändert und zu seiner „subjektiven Botschaft" macht" (so Schönbach/Früh 1984; 315f). Die Einflussfaktoren zeigen sich im Wirkungsverlauf, wirkungsrelevante Potentiale sind hier kaum einzeln fixierbare Stimuli von Kommunikatoren oder Zuwendungsmodi von Publikumsseite. Im dynamischen Wechselspiel von Botschaften, Rezipientenmerkmalen und situativen Kriterien werden diese Faktoren gebündelt (vgl. Früh 1994; 69). Wirkung lässt sich also als Kumulation unterschiedlicher Faktoren verstehen, die sich wechselseitig beeinflussen und dem Rezipienten nicht notwendigerweise bewusst sind. Diese Wirkungsgenese unterliegt einer Dynamik in Publikum, Medien und jeweils zugewiesenen Bedeutungsgehalten: jederzeit können Ziele, wissens- und gefühlsbezogene Motivationen geändert, erweitert oder reduziert werden. Diese Kontexte multikausaler Wirkung, welche also in einer Vielzahl interagierender Veränderlicher „bestehen", nennen Schönbach und Früh als Transaktionalität. Transaktion bezeichnet die Wechselbeziehung zweier oder mehrerer Pole, die nicht nur Veränderung bei(m) anderen beabsichtigen und erreichen, sondern sich auch selbst verändern. Die Autoren unterscheiden neben dem Transaktionsbegriff zwei Dimensionen (vgl. dies. 19884; 315):

- *Inter-Transaktionen* zwischen Kommunikatoren und Publikum können imaginärer oder realer Art sein. Die Medienseite ist darauf bedacht, sich auf das Publikum einzustellen; Auflagenzahlen, Einschaltquoten und Leserbriefe bzw. Faxe und E-Mails informieren sie über die Qualität des Angebots aus Publikumssicht. Dabei entsteht die journalistische Einschätzung des Publikums. Die aktive Rezipientenseite antizipiert anhand der Medienbotschaften Absichten der Kommunikatoren. Das Publikum stützt sich auf sein Vorwissen, auf den Erfahrungsaustausch im sozialen Umfeld und auf zusätzliche Quellen wie Programmzeitschriften. Rezipienten können sich auf ein Medium einlassen oder davon abwenden; sie können die Intensität der Zuwendung selbst bestimmen.

  Auf diese Weise machen die Parteien sich ein Bild voneinander, das bei allen Teilnehmern der Kommunikation nach persönlichen Erfahrungen entsteht und sich entsprechend im Zeitverlauf wandelt.

- *Intra-Transaktionen* bezeichnen Prozesse der Wechselwirkung, an denen Aktivationsniveau (d.h. handlungsmotivierende Bereitschaft zur aktiven Rezeption) und Wissen sowie Vorstellungen des einzelnen Rezipienten beteiligt sind. Er erfährt Neuigkeiten und Bekanntes, befindet sich in einem bestimmten Gefühlszustand, spürt Müdigkeit oder Erregung und einen themenbezogenen Grad an Interesse. Im Wechselverhältnis bestärkt oder verringert das Zusammenspiel der Bedingungen seine Zuwendungsintensität zum Medienangebot. Intra-Transaktionen sind also vorwiegend innerpsychische Vorgänge der Rezipienten.

Interaktion ist die Grundlage, auf der sich transaktionale Prozesse zwischen Medien und der Bedeutungszuweisung von Rezipienten (Inter-Transaktion) bzw. Aktivation und Wissen des Rezipienten (Intra-Transaktion) abspielen. Diese Dimensionen von Transaktion sind im dynamisch-transaktionalen Modell ebenfalls wechselseitig miteinander verknüpft. Eine Transaktion besteht in indirekter Bezugnahme; alle Teilnehmer der Kommunikation verarbeiten ständig Erlebtes und stellen sich gleichzeitig auf Zukünftiges/Angekündigtes ein. Früh und Schönbach sprechen auch von einem Vorgang, „[...] bei dem Wirkung und Rückwirkung zusammenfallen, d.h. eine Veränderung der Variablen eine *simultane* (kursiv i. Orig., C.R.) Veränderung der anderen Variablen bedeutet" (so dies. 1982; 79)

Das komplexe Wechselverhalten von Inter- und Intra-Transaktion in der Medienkommunikation ließe sich wie folgt darstellen: Mit der Aufnahme medienvermittelter Botschaften verändern sich Wissenstand, Interessen und Erwartungen der Rezipienten. Weitere Inhalte erhalten danach ein anderes Wirkungspotential. Auf der Kommunikatorseite sucht man parallel dazu ständig nach Strategien der Nutzenoptimierung, d.h. Medienangebote richten sich immer neu in Form und Inhalt nach journalistischer Einschätzung des Publikums aus (vgl. Schönbach 1992; 111, 114).

Variablen mit unabhängigem und abhängigem Status, die im Zeitverlauf konstant blieben, verwendet dieses Modell so wenig wie monokausale Relationen im strikten Reiz-Reaktions-Sinn. Die Autoren nehmen für den Wirkungsvorgang ausdrücklich eine Multikausalität und Simultaneität relevanter Faktoren an. Das dynamisch-transaktionale Modell vereint Komponenten des uses and gratifications-approach und der S->R-Tradition in einem neuen Konzept, in dem beide Perspektiven aber nicht verschmelzen, sondern - je nach speziellen situativen Bedingungen und Forschungsinteressen - durchaus als selbständige Stränge anwendbar bleiben. So können z.B. Medieninhalte, die große Überraschungseffekte erreichen und auf wenig Voreinstellung und -wissen treffen, ähnlich dem magic bullet-Schema ihre Wirkung entfalten. Dies ist allerdings erst im Nachhinein zu erkennen.

Bei mannigfaltigem Medienangebot sind auch deutlich von Entscheidungs- und Handlungsfreiheit gesteuerte Nutzungsmuster denkbar. Hier kommt das aktive Publikum zur Geltung, das selektiv nach eigener Vorliebe oder Skepsis vorgeht.

Innerhalb des dynamisch-transaktionalen Modells sind S->R- und Nutzenansätze integriert. Rezeptionsfähigkeit des Publikums als kognitive Kompetenz ist wechselseitig mit der Bereitschaft zur Aufnahme von Inhalten verknüpft. Darin sind Relationen des Reiz-Reaktions-Schemas aufgehoben. Publika und Medien sind gleichzeitig aktive und passive Teilnehmer des Kommunikationsablaufs; mit der Parallelität von Inter- und Transaktionen auf allen Seiten findet mehr als nur eine Rückkoppelung alternierend aktiver bzw. passiver Pole statt.

Wirkungs- und Nutzenansatz schließen sich mit ihrem Beitrag zum dynamisch-transaktionalen Wirkungsbegriff nicht aus (dazu Früh/Schönbach 1982; 79). Im Ansatz ist dieses Verständnis der medialen Kommunikation bereits bei Raymond Bauer zu erkennen, der es als gleichzeitiges Geben und Nehmen mit ungefährer Gleichverteilung der Ungerechtigkeiten bezeichnet (vgl. Bauer 1964).

Schönbach und Früh betonen den Modellcharakter ihres dynamisch-transaktionalen Ansatzes; er sei „ein bewusster Ausschnitt aus zeitlich und von der Variablenzahl offenen Prozessen, den man grundsätzlich immer auch größer oder kleiner wählen kann" (so dies. 1984; 316). Das Modell dient also richtungweisend der Formulierung von Theorien nach jeweils konkretem Forschungsinteresse. Entsprechend bieten die Autoren es für Rezipienten- und Kommunikatorforschung an (vgl. dies. 1984; 322f).

Ein Forschungsprojekt zur „Realitätsvermittlung durch Massenmedien" von Werner Früh und zahlreichen Kollegen nahm nach der Datenerhebung 1984 zehn Jahre für Analyse und Auswertung des Materials in Anspruch (dazu Früh 1994; 10f). Die Forschungsfrage lautete: „Wie entstehen und verändern sich

Realitätsvorstellungen des Publikums, und welche Rolle spielen dabei die Medien, welche die Rezipienten?" (ebd.; 21). In Bremen, Frankfurt/M. und München sowie im Umland interviewte man zu gleichen Teilen 270 Mediennutzer und als Kontrollgruppe 30 Personen ohne Medienkontakte zu den genannten Themen (vgl. Früh 1994; 114f). Je nach Untersuchungsgegenstand wählte man verschiedene Erhebungsmethoden. So konnten drei Hauptebenen zueinander in Bezug gesetzt werden; ihre Beiträge zu Wirkungspotentialen im Zeitverlauf sollten diese Verknüpfung herausstellen.

Zu ausgewählten Themen wurden Medienberichte nach Umfang, Inhalts- und Formkriterien bestimmt. In Fernsehen, Hörfunk, Zeitungen und Zeitschriften verfolgte man die Themen Sterbehilfe, Streik und Parteispenden. Auf einer zweiten Ebene erfasste man Eigenschaften wie Vorwissen und Einstellungen zu den Inhalten sowie Rezipientenmotivation. Eine weitere Ebene zog relevanten Kontext in Form von Gewohnheiten der Mediennutzung und Austausch im sozialen Umfeld hinzu (vgl. ebd.; 96f).

Hier kann kaum auf die umfangreichen Einzelergebnisse eingegangen werden. Von Interesse sind vielmehr Folgerungen, welche Werner Früh auf allgemeiner Ebene zieht: den einzelnen Resultaten ließe sich keine prägnante und stichhaltige Formulierung eines Wirkungsbegriffs entnehmen; dieser zeige sich nur bei spezielleren Forschungsinteressen und nach Rezipienten- oder Medienorientierung in unterschiedlichen Gestalten. Mit Hilfe der empirischen Befunde entwirft Früh dann eine erweiterte Wirkungstheorie im Kontext des dynamisch-transaktionalen Modells. Dazu fragt er nach

(1) Konsequenzen verzerrter Medienrealität für Wirklichkeitsbilder des Publikums
(2) Allgemein-überindividuellen und individuellen Strategien der Informationsverarbeitung
(3) Überindividuellen und individuellen Verlaufstypen als Wesensmerkmalen der Wirkungsdynamik

Zu (1): Bei der ersten Befragung erinnerten die Rezipienten nur 15% der untersuchten Medieninhalte bezüglich Handlungen, Personen und Attribute. Bei der zweiten Befragung wurden noch 12% der Inhalte wiedergegeben. Innerhalb einer Woche verloren sich in den Vorstellungen der Rezipienten Inhaltsstrukturen der

Berichte völlig. Informationen, die dann noch erinnert wurden, setzten sich etwa zu gleichen Teilen aus medienvermittelten und aus auf anderen Wegen bezogenem Wissen (Vorwissen, soziales Umfeld) zusammen (dazu Früh 1994; 393). Früh plädiert deshalb für einen erweiterten Wirkungsbegriff, der Medien- und Publikumsseite in eine Wechselbeziehung integriert: Der aktive Rezipient durchforstet das Medienangebot nach seinem Vorwissen, um sich Meinungen zu aktuellen Themen zu bilden und seinen Wissensstand zu erweitern. „Definiert man Medienwirkung also in diesem weiteren Sinne als Anstoß zu einer Erweiterung und Ausdifferenzierung der Vorstellungswelt des Publikums, dann waren die Medien bei einem Teil des Publikums sehr erfolgreich." (so ders. 1994; 395). Anstatt Abbilder der Medien- in Publikumsrealitäten zu suchen, geht Früh also von aktiven Modifikationen der Inhalte von Publikumsseite aus. Im dynamisch-transaktionalen Modell entstehen Wirkungen bei Bedeutungszuweisungen des Publikums: „Umfang, Komplexität und Rationalität der Vorstellungsbilder ebenso wie die Meinungsbildung werden durch Personeneigenschaften fast immer stärker beeinflusst als durch Merkmale der Medienberichterstattung. Lediglich bei Ähnlichkeiten zwischen Medienbeitrag und subjektiver Themenvorstellung besitzen Medieneigenschaften einen dominanten Einfluss." (so ders. ebd.; 396)

Zu (2): Auf drei Ebenen können unterschiedliche Strategien der Informationsverarbeitung gezeigt werden. In einer konkreten Perspektive sind nur wenige generelle Tendenzen des Umgangs mit Medieninformation zu erkennen. Das Publikum orientiert sich vorrangig an dargestellten Personen und versucht, themenbezogenes Wissen in Kausalstrukturen zu ordnen bzw. mit eigenen Meinungen zu vergleichen. Dabei ist die Realitätswahrnehmung größtenteils von Präsentationen der Medienrealität verschieden. Auf einer abstrakteren Ebene zeigen sich mehrere Strategien des Medienumgangs. Probanden berichteten von eigener Verarbeitung der Medienberichte rational, komplex, handlungsbezogen und mit eigenen Kommentaren, Schlüssen oder Bezugnahmen auf andere Themen. Es sind aber auch Rezipienten zu beobachten, die vom Umgang mit Medien nur einfach, bruchstückhaft und ungenau Zeugnis ablegen können. Auf einer übergeordneten Analyseebene kristallisieren sich mehrere Nutzertypen heraus, zu denen allerdings kein echtes empirisches Korrelat existiert: der aktiv-kreative und der passiv-reduktionistische Nutzer. Ausgeprägte Aktivität zeigen 85% der Probanden, sie integrieren die Medienrealität bei ständiger Transformation und Modifikation in ihre subjektive Vorstellungen. Der passive Nutzertyp reduziert Themen und Zusammenhänge, er kann die Medienrealität nur relativ schwach erinnern. In der Überzahl des aktiven Publikums sieht Früh die Brauchbarkeit des theorieleitenden dynamisch-transaktionalen Modells bestätigt (vgl. ders.1994; 397).

Zu (3): Zur Wirkungsdynamik lassen sich zwei Trends analysieren. Der eine Wirkungsverlauf ist mit „dauerhaft sowohl hohe transformatorische als auch hohe reproduktive Leistungen“ (Früh 1994; 398) zu bezeichnen. 58% der Probanden beschäftigten sich beständig aktiv mit den angebotenen Botschaften. Die andere Wirkungsdynamik besteht in „zunächst noch mehr oder weniger transformativen Informationsverarbeitung [...], die jedoch bald sehr deutlich in reduktionistische Tendenzen übergeht: Die Themenvorstellungen zerfallen“ (ebd.; 399). In Analogie zum passiven Nutzungsmuster (s.o.) wurde dieser Wirkungsverlauf bei 42% beobachtet. Publikumsmerkmale, die Informiertheit begünstigen, spielen besonders bei der Dynamik der Wirkungen eine Rolle, da sie mittel- und langfristigen Einfluss auf Vorstellungen und Fähigkeiten im Umgang mit Medieninformation ausüben.

Die integrierten Komponenten S->R-Schema und Nutzenforschung sind in der skizzierten Wirkungstheorie kombiniert: Medien stellen dem Publikum ein Angebot zur Verfügung. Die Rezipienten werden als aktive Teilnehmer an der Medienkommunikation verstanden, die jedoch nicht ausschließlich selbstbestimmt auswählen und handeln oder nur dem eigenen Interesse folgen. Dazu gehört die Gleichzeitigkeit aktiven und passiven Umgangs mit Medien in jeder Rezeptionssituation: „Zweifellos ist Selektion, auch gezielte Selektion, ein wesentlicher Baustein jeder Wirkungstheorie, aber die Aktivität des Publikums besteht vor allem auch darin, dass es selbst etwas einbringt, indem es die Medieninformation strukturiert, modifiziert, verdichtet, kommentiert, Assoziationen herstellt Schlussfolgerungen aus ihr zieht. Erst durch selektive Reduktion *und* (kursiv i. Orig., C.R.) aktive Transformation wird Medienwirklichkeit zur Wirklichkeit des Publikums“ (ders. 1994; 400).

Mit einem solchen erweiterten Wirkungsverständnis wäre nach der Ergebnislage von „Realitätsvermittlung durch Massenmedien“ von starken Medienwirkungen auszugehen. Vorstellungen des Publikums werden beim aktiven Umgang mit Medieninformation ständig erweitert und verändert. Medienrealität wird keineswegs einfach in Rezipienteneinstellungen und -wissen übernommen, sie stellt jedoch das Material für selektiv-transformativen Umgang bereit und gibt Anstöße zur weiteren Beschäftigung damit.

Früh beschreibt den erweiterten Begriff von Medienwirkung in Bezug auf die Dynamik von Wirkungen als Reflexivität, d.h. Selbstbezüglichkeit von Wirkungspotentialen. In der ständigen Transformation der Medieninhalte findet er Muster: „Erstaunlicherweise bleiben diese doch sehr individuellen Abstraktionen, Modifikationen, Schlussfolgerungen, Elaborationen und Kommentierungen über die Zeit relativ stabil. Zumindest ein beträchtlicher Teil des Publikums transformiert die Medienwirklichkeit auf immer dieselbe Weise. Dies ist ein Beleg dafür, dass im dynamisch-transaktionalen Sinne Wirkungen auf sich selbst wirken, indem frühere Stadien spätere beeinflussen“ (so Früh 1994: 402). Konstante Umgangsformen mit Medieninformation nennt Früh „permanente Transformation der Wirklichkeit“ (ebd.; 402). Er unterscheidet sich wiederholende und variierende Transformationen.

Die erweiterte Wirkungstheorie Frühs mündet in die Erkenntnis, dass die gesamte gesellschaftliche Wirklichkeit sich ständig transformiert: „Soziale Realität *ist* (kursiv i. Orig., C.R.) somit die ständige Transformation der Wirklichkeit, die sowohl Invarianz und Beständigkeit als auch Wandel und Wechsel erzeugt“ (Früh 1994; 406). Auf der Basis des theorieleitenden dynamisch-transaktionalen Modells entwirft Früh also einen Wirkungsbegriff allgemeinster Art, der die Frage nach dem Inhalt aufwirft: einem Begriff von Medienwirkung, der letztlich deskriptiv auf Konstanz und Wandel sozialer Realität verweist, ließe sich nicht zu Unrecht fehlender theoretischer Gehalt vorwerfen.

Ein solcher Wirkungsbegriff deutet allerdings auf dringenden Bedarf an Einbindung der Wirkungsforschung in Kontexte hin, die über soziales Umfeld von Rezipienten und Rezeptionssituationen hinausreicht. Damit geraten gesamtgesellschaftliche Bedingungen der Medienkommunikation, von Strukturen der Medienproduktion bis zur sozio-ökonomischen Präformierung der Publika ins Blickfeld.

2.4 Struktur- und Prozessmodell der Medienrezeption

Alle bisher vorgestellten Theorienkonzepte verhandeln Informationsvermittlung durch Massenmedien (medienzentrierte Ansätze) und Informationsaufnahme von Publikumsseite (rezipientenorientierte Ansätze). In beiden Ansätzen hat Medienwirkung die selben Merkmale: im Publikum werden Änderungen von Einstellungen, Überzeugungen und Verhalten als Folge der Medienrezeption betrachtet. Aus der nutzenorientierten Sicht des aktiven Rezipienten werden Verhaltensmerkmale handlungstheoretisch gesehen - Publikumsaktivität als zwar medien- und sozial bedingtes, jedoch im Kontrast zum S->R-Modell als weitgehend vom Rezipienten individuell selbstbestimmtes Handeln.

Die Integration von kommunikator- und publikumszentrierten Perspektiven im dynamisch-transaktionalen Modell führt Früh zu einer erweiterten Wirkungstheorie. Er verweist auf gesellschaftliche Rahmenbedingungen des Forschungsbereichs (ders. 1994; 392ff). Auf der Ebene von S->R- und Nutzenansatz stehen sich dabei die Pole Informationskontrolle der Medien versus weitgehend individuell-autonom handelnde Rezipienten in sozialem Kontext gegenüber. Was noch ausstünde für einen erweiterten Rahmenbezug des Forschungsgebiets, wie Früh ihn mit der „permanenten Transformation sozialer Realität" andeutet, wäre der Einbezug weiterer Kommunikationsfelder neben Informationsvermittlung oder -aufnahme und Medienöffentlichkeit als Markt für Werbekommunikation. Kommunikation findet nicht nur zu ausdrücklich politischen und ökonomischen Zwecken statt. Im Folgenden wird deshalb ein kulturtheoretischer Ansatz der Wirkungsforschung skizziert, der sich dem interpretativen Paradigma der Handlungstheorie zuordnen lässt (vgl Schenk 1987; 388f).

Mediengebrauch ist wie die Produktion medialer Inhalte als kulturgebunden zu verstehen. Bedeutungen ent- und bestehen im Kontext eines kulturellen Sinnsystems, auch durch den „kulturellen Beitrag der Massenmedien, die in der Gegenwartsgesellschaft als einflussreiche Agenturen der Sinngenerierung und Bedeutungsvermittlung fungieren" (so Müller-Doohm/Neumann-Braun 1995; 11). Kulturelle Vermittlung von Bedeutung ist stets als Inszenierung von Ereignissen und Themen sowie deren massenhafter Verbreitung zu begreifen. In kulturwissenschaftlicher Hinsicht kann Massenkommunikation nicht nur bezüglich Information, Politik und Werbung interessieren, sondern hier wird „der kognitionswissenschaftliche Zugang [...] um Aspekte der Sozialität und Kulturgebundenheit des Mediengebrauchs erweitert" (so Charlton 1997; 31). Der Ansatz basiert auf mehreren soziologischen und medienwissenschaftlichen Theorien; neben ethnomethodologischen und sozialökologischen Überlegungen fließen Ansätze der Gratifikationsforschung, des sozialen Kontexts der Medienrezeption sowie Medienbiographien der Rezipienten und medienökologische Aspekte mit ein.

Der Kulturbegriff lässt sich mit Michael Charlton und Klaus Neumann-Braun unter ethnomethodologisch-phänomenologischen Gesichtspunkten beschreiben. Es handelt sich, komprimiert und verkürzt dargestellt, um eine verstehende Sozialforschung, die bewusste und unbewusste Methoden sinnhaft-rationalen Alltagshandelns in Bezug auf die Kulturzugehörigkeit der Beobachteten untersucht. Teilhaber eines kulturellen Sinnsystems verlassen sich im Umgang miteinander auf gesellschaftliche Konventionen und Gewohnheiten und erzeugen neue Sinngehalte. Demnach ist dem Menschen seine Alltagswelt nicht einfach vorgegeben, sondern wird in einem Prozess sozialer Konstruktion immer wieder geschaffen: „Die Herstellung von Sinn geschieht in der sozialen Interaktion mit Hilfe von zumeist nicht-bewussten Routinen und Techniken, über die zumindest erwachsene Personen zwar nur intuitiv, aber doch relativ souverän verfügen können" (Charlton/Neumann-Braun 1992a; 55).

Im Folgenden soll kurz auf den kulturellen Rahmenbezug der Struktur und Prozessanalysen von Medienrezeption eingegangen werden, um die genannten Routinen als bewusste oder unbewusste alltägliche Selbstverständlichkeiten näher zu bestimmen. Wie ist es also um den Kulturbegriff bestellt?

Mit Clifford Geertz sehen Charlton und Neumann-Braun Kultur als Bedeutungssystem, das von historischen Bezügen ebenso gespeist wird wie von Menschen, die sich der Symbole aktuell bedienen, um Wissen und Einstellungen zu artikulieren. Eine Kultur wird „am Leben" erhalten, sie besteht und entwickelt sich in Ausdrucksformen der in ihr lebenden Menschen: „Sie lässt sich von der Prämisse einer prinzipiellen umgangssprachlichen Vermitteltheit und symbolischen Vorstrukturiertheit aller sozialer Interaktion leiten, zu denen auch der Prozess der Massenkommunikation zählt" (Charlton/Neumann-Braun 1990; 11f). Es soll also nicht darum gehen, qualitative Unterscheidungen in Kategorien wie

Hoch- und Populärkultur zu suchen; dieser Begriff bezieht die Gesamtheit „aller sozialer Interaktion“ ausdrücklich ins Kulturverständnis ein.

Eine maßgebliche Bedeutung kommt dabei der massenmedialen Kommunikation zu, worin eine Stärke dieses Ansatzes zu entdecken ist. Er erweitert die Wirkungsforschung mit seinem Kulturbezug und erschließt ihr z.B. die Rezeption von Filmen, Talkshows und Serien als periodische Programmformate. Auch Hörspiele, Interviews und Sportberichterstattung sowie prinzipiell alle Inhalte werden damit zugänglich.

Die kulturelle Identität einzelner Rezipienten als Selbst- und Fremdverständnis ist nicht vorrangig geschichtlich determiniert - aktive und kreative Beteiligung am kulturellen Leben formt dieses auch mit. Bewusste und unbewusste Alltagsroutine, Intuition und Souveränität spielen in diesem Spannungsfeld ihre Rollen. Stuart Hall bringt den Umgang mit historisch überlieferten Bedeutungsgehalten auf den folgenden Punkt: „Though they (die kulturellen Identitäten, C.R.) seem to invoke an origin in a historical past which they continue to respond, actually identities are about questions of using the resources of history, language and culture in the process of rather becoming than being: not ‘who we are’ or ‘where we came from’, so much as what we might become, how we have been represented and how that bears on how we might represent ourselves. Identities are therefore constituted within, not outside representation“ (so Hall 1996; 4). Im Rückgriff auf historisch überlieferte Sinnsysteme äußert sich kulturelle Identität also in der Selbstdarstellung einer gegebenen Gesellschaft jeweils bezüglich vergangener, gegenwärtiger und zu erwartender Erscheinungsformen. Dabei lassen sich laut Hall nicht etwa objektive Wahrheiten einer Kultur, sondern „nur“ ihre Äußerungen im Zeitverlauf untersuchen. Eine Stärke dieses Handlungsbegriffs liegt darin, dass beobachtbare Äußerungen, also Selbstinszenierungen oder Repräsentationen, als kulturell eingebunden verständlich werden.

Inwieweit bestimmt der notwendige Rückgriff auf Bekanntes und Bewährtes aber gegenwärtiges Handeln, und wie groß können Handlungsspielräume in der Gegenwart sein? Als Gradmesser bieten sich dafür die Massenmedien an. Im Kontext von Öffentlichkeit und Kultur sind sie zentrale Vermittler von Symbolsystemen; in der Massenkommunikation zeigt sich gewissermaßen kultureller Alltag.

Wenn sich die Studien am Birmingham Centre for Contemporary Cultural Studies seit den 1960er Jahren vorrangig mit dem Widerstandscharakter von Symbolgebrauch in Subkulturen befassten, so legen Charlton und Neumann-Braun dem Rezeptionshandeln im Medienumgang weniger reaktive als kreative Züge zugrunde. Die British Cultural Studies haben marxistische und strukturalistische Bezüge; sie fußen für Charlton auf der Kulturkritik der Frankfurter Schule und speziell auf von Theodor W. Adorno und Max Horkheimer in den USA entwickelten Ansätzen. Kulturindustrielle Unterhaltung zwingt den Konsumenten in dieser Kritik eine ideologische Indoktrination auf. In ihrer Integrationsfunktion vermittelt Medienrealität verharmloste Herrschaftsstrukturen, sie ist von Herrschaftsinteresse gedoppelte Wirklichkeit (vgl. Charlton 1997; 28/Neumann-Braun 1993; 33f).

Von solchen kulturkritisch angelegten Untersuchungen der British Cultural Studies hebt Charlton einen Handlungsbegriff ab, der aktiv-kreative Aspekte im alltäglichen Umgang mit Medien und kulturellem Symbolsystem betont. Er führt dazu die Art der Auseinandersetzung mit Medienthemen an: deren Aneignung steuern und kontrollieren die Rezipienten. Sie selbst regulieren die Aufmerksamkeit bei der Zuwendung sowie emotionale Nähe oder Distanz.

In den Cultural Studies ist eine Entwicklung des Interesses vom kulturell widerständigen Umgang mit Symbolen (z.B. die Punk-Bewegung mit auffällig frisierten Haaren, Sicherheitsnadeln und Ketten) hin zur kulturellen Reflexivität als Ästhetisierung des Alltags zu beobachten. Medienvermittelte Bedeutung wird zunehmend über Klassen- Schicht- und Millieuzugehörigkeit hinweg von medienkompetenten Publika verwendet und strukturiert Alltagspraxis: „[..] die elementaren Ästhetiken verarbeiten die Materialien und Symbole der Medien in produktiven und kreativen Eigenproduktionen, in der Reflexion über das eigene Leben, in der Kleidung und Frisur, in ästhetisch angeleiteten Gestaltungen der Freizeit und in der Identitätsausbildung“ (so Winter 1997; 68). Der Handlungsbegriff lässt sich damit als selbstbezüglicher Gebrauch des Medienangebots im soziokulturellen Kontext beschreiben.

Charlton und Neumann-Braun verorten den Medienumgang also in sozio-kulturellen Bezügen. Das geschieht über die Bereiche kulturelles Sinnsystem mit seinen relevanten Aspekten für Medienangebote, sozialer Kontext mit Relevanz von Interaktionsfeldern der Rezipienten und aktueller Rezeptionssituation sowie über das Subjekt mit den Merkmalen Wissen, kognitive Kompetenzen und Bedürfnisse (vgl. dies. 1992b; 12).

Die Gesellschaftsstruktur oder der soziale Kontext bilden in diesem Verständnis von Medienkommunikation einen nicht zu vernachlässigenden Hintergrund. Rezipienten verfügen über Erfahrungen mit Medien, sie befinden sich einerseits in einer speziellen Lebenssituation und haben kurz- wie langfristig zu befriedigende Bedürfnisse. Medien und ihre Inhalte sind mehr oder weniger leicht zugänglich, ihnen wird ein gewisses Maß an Überzeugungsdruck nicht abgesprochen. Die Zuwendung zu Medien ist jedoch nur im sozialen Kontext und im kulturellen Sinnsystem zu verstehen. Für die Handlungskoordination bei der Aneignung von Medienangeboten unterscheiden Charlton und Neumann-Braun drei Ebenen:

1. Rezeptionsprozess
2. Situativer und sozialer Kontext
3. Aufgaben der Lebensbewältigung und Identitätswahrung

Zu 1. Der handlungstheoretische Ansatz geht von aktiven Rezipienten aus, die Kontrolle über Aufnahmeprozesse ausüben oder sich bewusst auf die Angebote einlassen, ohne eigene Standpunkte ganz aufzugeben. In der Chronologie von Rezeptionsverläufen findet aktive Auseinandersetzung mit den Medien statt - bei Vorbereitung, eigentlicher Aufnahme sowie Nachbereitung in Form von Verwendung und Verarbeitung.

Zu 2. Sozialer Kontext und situative wie situationsübergreifende Anbindung der Rezeption meint: „Die Beschäftigung mit Medien kann soziale Kontakte verhindern, ersetzen, erleichtern, aufrechterhalten usw. Dabei wird der Medienkonsum zumeist nicht nur individuell, sondern kollektiv, von der Interaktionsgruppe, geregelt“ (Charlton und Neumann-Braun 1992a; 83f). Hier werden ethnomethodologische Gesichtspunkte deutlich - routinemäßiger Umgang und sozio-kulturelle Bedingungen sind mitbestimmende Größen bei Bedeutungszuweisungen. Die Massenmedien spielen als Instrumente der Sinnstiftung eine zentrale Rolle im Selbst- und Fremdverständnis der Rezipienten. Sie liefern Gesprächsstoff aus einer Vielfalt von Themenbereichen und Meinungsbildern (vgl. dies. 1992a; 58). Programmsparten der Filmgenres, Talkshows und Sportberichterstattung bzw. deren redaktionelle Aufbereitung in Printmedien dienen als Vorlagen für interpersonellen Austausch. Zudem stellen Medien nach Charlton und Neumann-Braun Möglichkeiten für die Entwicklung und Bewährung der Rezipientenidentität bereit; Selbstakzeptanz, Selbstversicherung und Realitätsflucht werden gesucht (vgl. ebd.; 59).

Der Symbolische Interaktionismus lässt sich dabei mit den Begriffen Rollenübernahme von Protagonisten des Angebots und indirekter sozialer Sanktion durch Abgleich der Rezipienteneigenschaften mit dem generalisierten Anderen zur Bewertung dargestellter Handlungsstränge ins Forschungsfeld führen. In der Auseinandersetzung mit Mediengehalten wird ein Vergleich eigener mit den dargebotenen Positionen als Identifikation mit bzw. Distanzierung von ihnen möglich. Grundlage für Selbst- und Fremdeinschätzungen bilden soziale Werte- und Normenkataloge - sie können bei der Zuwendung unverbindlichere und spielerischere Anwendung finden als in der nichtmedialen Realität (vgl. ebd.).

Bei allem aktiven Umgang mit Medien sehen diese Autoren auch eine agenda setting-Funktion der Kommunikatoren bei Inhalten, die nicht vorrangig zu Informationszwecken inszeniert sind: Formale Vorgaben des Angebots bestimmen bei solchen Infotainment- oder Unterhaltungsprogrammen Rollenbilder (Filmgenres) und Handlungsabläufe (Quiz-/Talkshows). Sie konfrontieren mit Szenarien, deren Sinngehalte die Rezipientenseite bei der Aufnahme nach ihren Bezügen einordnet und interpretiert. Programminhalte sind nach Prioritäten der Produktionsseite, d.h. der Autoren oder Journalisten aufgebaut und erhalten im soziokulturell (vor)geprägten Verständnis des Publikums entsprechende Zuweisungen. Über diese Bezugsrahmen als Orientierungsschemata wird Sinnstiftung als Nachvollziehen „objektiver“ und als individuell zuzuweisende Bedeutung erst möglich und dem Forscher durch Verhaltensäußerungen der Probanden zugänglich.

Medienrezeption ist als Handlung mit der Strukturierung und Organisation des Alltags verknüpft; Mediengebrauch findet aber nicht nur gewohnheitsgebunden in Form alltäglichen Konsums favorisierter Programme und mit periodischen Sendezeiten bzw. über Printmedien-Abonnements statt. Die tägliche TV-Serie vermittelt wie Tages- oder Wochenzeitungen ein bestimmtes Lebensgefühl; sie kann zumindest spezielle Einstellungen zum Ausdruck bringen. Im Familien-, Bekannten- oder Kollegenkreis werden Medien also zur Artikulation etwa politischer Haltungen oder zur Äußerung von Stimmungsbildern verwendet, sie können in diesem Gebrauch Atmosphäre schaffen.

Schon die Zuwendung zur Tagesschau während des Abendessens in der Familie oder mit Bekannten erfordert eine gewisse Zuwendungsintensität. Sie hat Folgen für die gemeinsame Mahlzeit, indem sie Stellungnahmen der beteiligten Zuschauer zu präsentierten Themen „auslöst“: nicht alle Zuschauer sind so medienkompetent oder abgebrüht, dass sie etwa zu Bildern von Opfern eines Massakers unberührt mit der Nahrungsaufnahme fortfahren. Für diese Funktion des Umgangs mit Medien unterscheiden Charlton und Neumann-Braun mit Lull (1980) als „Koordination des gemeinsamen Handelns zwischen „strukturellen“ Bedingungen, die durch den Mediengebrauch geschaffen werden, und der „relationalen“ Verwendung des Mediums durch Einzelne zur Beziehungsgestaltung“ (so dies. 1992a; 61).

Zu 3. In alltäglichen Konflikten hat jede Person individuelle Problemsituationen zu bewältigen. Das Struktur- und Prozessmodell verlängert die Annahmen des Nutzenansatzes von der individuellen Bedürfnislage der Rezipienten in soziologisch-sozialpsychologische Forschung hinein: Zentralen Lebensaufgaben, sozialem Milieu und der Biographie betreffender Personen wird Relevanz beigemessen. Die „exemplarischen Situationen, die in einem bestimmten Lebensabschnitt und einem bestimmten sozialen Umfeld (z.B. in der Familie) immer wiederkehrenden längerfristigen Aufgabenstellungen“ (Charlton/Neumann- Braun 1992a; 84) können als Motive von Rezeptionshandlungen und Strategien der Problembewältigung rekonstruiert werden. Auf diese Weise erschließen sich der Forschung rezipientenspezifisch längerfristige Beweggründe für Handlungen und ihre Ziele. Wenn man wie in der publikumsorientierten Forschung davon ausgeht, dass Medienwirkung in bei der Aneignung medialer Inhalte maßgeblich vom Publikum bestimmt wird, dann eröffnet eine solche Herangehensweise den Blick auf längerfristige und soziologisch-sozialpsychologisch analysierbare Wirkungsbedingungen.

Wie lässt sich eine handlungs- und kulturtheoretische Perspektive von der Komplexität des Struktur- und Prozessmodells methodologisch umsetzen? Wie kann dieses theoretische Konzept in der Praxis Anwendung finden?

Bei der Präsentation von Ergebnissen einer Längsschnittuntersuchung zur Medienrezeption von Kindern stellen Charlton und Neumann-Braun ihre Methodenwahl zur Rekonstruktion von

Rezeptionsprozessen vor. Sie greifen dazu Ulrich Oevermanns objektive Hermeneutik als Verfahren zur Sinnrekonstruktion von (Sprech)Handlungen im Spannungsfeld von Medien- und Rezipientenorientierung auf: „Es ist weder notwendig, die Medienwirkung unter Verzicht auf die intentionalen Aspekte von Kommunikationsprozessen als ein komplexes Reiz-Reaktions-Geschehen aufzufassen, noch muss eine den Ansprüchen auf Objektivität und Rationalität genügende Beobachtung der Rezeptionsfolgen zugunsten der introspektiven Selbstauslegung der Rezipienten aufgegeben werden" (Charlton/Neumann-Braun 1992b; 13ff). Welcher Mittelweg zwischen S->R- und Nutzenansatz wird hier angedeutet?

2.4.1 Rekonstruktion der Rezeption: Exkurs zur objektiven Hermeneutik

Mit der objektiven Hermeneutik präsentierten Ulrich Oevermann et al. in den 1970er Jahren ein Verfahren zur Textinterpretation im Sinne einer rekonstruktiv verstehenden Analyse (dazu dies. 1979/Reichertz 1986; 114ff). Die Sinnrekonstruktion betrachteter Interaktionssequenzen ist demnach bezüglich einer Vielfalt denkbarer Bedeutungszuweisungen möglich. Diese Methode wird hier kurz unter Aspekten dargestellt, welche das Struktur- und Prozessmodell der Medienrezeption aufnimmt.

Kleinste zu untersuchende Handlungseinheit ist in der objektiven Hermeneutik die Interaktion zweier oder mehrerer Kommunikationspartner. Für individuelle Handlungen ist in diesem Verständnis eine Abstraktion von der Wechselbeziehung Handelnder notwendig. Die Rekonstruktion protokollierter Interaktionsverläufe, die in Form von Tonband- oder Videoaufzeichnungen und Mitschriften vorliegen, stellt die Auswertung des Datenmaterials dar. Alltagshandeln lässt sich den Protokollen nicht unverfälscht entnehmen und wiedergeben; jede Sichtung der Daten ist bereits Interpretation (vgl. dazu Reichertz 1986; 42).

In der interpretativen Auswertung protokollierter Interaktionssequenzen kann jeder objektiv mögliche bzw. denkbare Bedeutungsgehalt zu einem umfassenden Verständnis der Sequenzen beitragen. Der Forscher befasst sich deshalb mit den so genannten „latenten Sinnstrukturen [...], die unabhängig von ihrer jeweiligen psychischen Repräsentanz auf seiten der Textproduzenten und Textrezipienten rekonstruierbar sind und für die sozialwissenschaftliche Untersuchung auf welcher anderen Realitätsebene auch immer den Ausgangspunkt notwendig bilden müssen, und der Realität von subjektiv intentional repräsentierten Bedeutungen eines Textes auf seiten der handelnden Subjekte andererseits" (so Oevermann et al. 1979; 367). Die soziale Realität von Sinnstrukturen bezieht sich hier auf Meads Begriff des objektiven Sinns innerhalb eines gesellschaftlichen Rahmens, in welchem sich auch der Beobachter befindet.

George H. Mead erachtet Anpassung von Handlungen der Interaktionspartner als wesentlich für die Konstitution (und Rekonstruktion) von Sinn. Damit ist jedoch keineswegs eine Art lähmende Anpassung bis zu einem fixen Zustand gemeint, der sich selbst genügt: „Da der gesellschaftliche Prozess Kommunikation voraussetzt, ist er in gewisser Weise für das Auftreten neuer Objekte im Erfahrungsbereich des in ihn eingeschalteten individuellen Organismus verantwortlich. [...] Das soll heißen, dass Objekte, was ihren Sinn betrifft, innerhalb des gesellschaftlichen Erfahrungs- und Verhaltensprozesses durch die gegenseitige Anpassung der Reaktionen oder Handlungen der verschiedenen in diesen Prozess eingeschalteten Organismen geschaffen werden" (so Mead 1995; 116f).

Woraus bestehen aber diese latenten Sinnstrukturen? Als ihre Aufbauprinzipien führen Oevermann et al. „syntaktische Regeln, pragmatische Regeln, Regeln der Sequenzierung von Interaktion, Regeln der Verteilung von Redebeiträgen, usf." an (dies. 1979; 370). Dabei handelt es sich um das Regelwerk (sprachlicher) Kommunikation, welche ja die wesentliche Voraussetzung gesellschaftlicher Prozesse bildet: von essentiellen Notwendigkeiten sprachlicher Verständigung über Konventionen der Satzbildung bis zu Umgangsformen überhaupt. Solche formgebenden Regeln der Kommunikation lassen sich als strukturelle Bedingungen derselben fassen.

In der Analyse einer protokollierten Sequenz wird dann „[...] die Systematik bzw. die Selektivität rekonstruiert, in der ein konkretes, praktisch handelndes soziales Gebilde im Rahmen seiner durch Regeln konstituierten 'objektiven Möglichkeiten' die strukturell vorgegebene Autonomiechance erfüllt. Die Besonderung wird als fallspezifische typische Verlaufsform nicht nur abgebildet, sondern darüber hinaus in ihrer Motivierung erklärt und als eine Gesetzmäßigkeit generalisiert, die den Fall selbst als allgemeine eigentümlich ist" (so Oevermann 1991; 273). Ein Verständnis der besonderen Situation im sozialen Kontext wird über die Vermittlung mit der allgemein denkbaren Kontingenz, mit der Alternativenvielfalt des Handelns hergestellt. Darin sind Bezüge der besonderen, analysierten Situation zur Allgemeinheit von Handlungsmöglichkeiten zu finden.

Latenten Sinn beschreiben Oevermann et al. auch als „[...] die Totalität individuierter Fälle und historischer Ereignisse" (dies. 1979; 389). In der Interpretation fungiert diese Gesamtheit als Bedingung des Verständnisses subjektiv beabsichtigter Äußerungen; sie macht situative Sinngehalte der Interaktion als kleinster Analyseeinheit wie auch Motive der handelnden Subjekte nachvollziehbar. Die objektive Hermeneutik ist dementsprechend als Methode angelegt, welche in der „Soziologie als Erfahrungswissenschaft objektiver sozialer Strukturen Interaktions*texte* (kursiv i. Orig., C.R.) zum zentralen Gegenstand hat" (so Oevermann et al. 1979; 381). Zusammen mit formgebenden Regeln von Kommunikation kennzeichnet also die Gesamtheit soziohistorisch überlieferter Erfahrung die Analyseebene latenter Strukturen.

In der rekonstruktiven Analyse des Datenmaterials bringt der rekonstruktiv-analysierende Forscher strukturspezifische Merkmale mit latenten Sinnstrukturen in Verbindung. Probanden erzeugen die Sinngehalte der Interaktion mit ihren Verhaltensäußerungen teils beabsichtigt und bewusst, teils unbeabsichtigt oder unbewusst. Objektiv mögliche oder latent stets vorhandene bzw. im Verständnis von Forschern nachvollziehbare Sinnstruktur mit Relevanz für die protokollierte Situation lässt Besonderheiten der untersuchten Sequenz im Licht allgemeiner Sinnstrukturen erkennen (vgl. dies. 1979; 427).

In Feinanalysen ermöglicht diese Hermeneutik eine ausführliche Interpretation kurzer Sequenzen einer Interaktion vor dem Hintergrund latenter Strukturen. Dabei entwickeln sich bedeutungsrelevante Motive der Akteure bzw. Probanden und die angemessene Interpretationsmethode bezüglich latenter Strukturen erst im Verlauf dieser Analysen. Eine möglichst geringe Rolle soll der Zufall spielen: „Gerade in der Motivierung des scheinbar belanglosen Textelements entpuppt sich häufig ein Ansatz für eine später zentrale Interpretationslinie. Wenn man sich schon auf eine objektiv hermeneutische Textinterpretation einlässt, dann muss man den ausgewählten Textausschnitt auch vollständig, d.h. in seiner Totalität interpretieren" (ebd.; 394). Solche Analysen erreichen entsprechenden Umfang, so kommt schon eine

Einzelfallanalyse der Anfangsszenen aus dem Film „Rote Sonne" (BRD 1969) von Jörg Tykwer auf über 180 Textseiten (vgl. ders. 1992).

Oevermann plädiert dafür, die Unterscheidung zwischen Struktur und Prozess aufzuheben. Darin ist eine Relativierung der Objektivität latenter Strukturen zu sehen. Der Strukturbegriff kann bei der Auslegung eines Textes nur insofern sinnvoll verwendet werden, als er die Sinngehalte von Interaktion bezeichnet. Er ist bei Rekonstruktionen stets mit einem Inhalt verbunden: Struktur kann bei der Textinterpretation nicht inhaltsleer analysiert werden, sondern bezieht sich immer auf „Strukturiertheit von konkreten Gebilden, und diese wiederum lässt sich nur nachweisen als Verlauf, d.h. als Prozess ihrer Reproduktion. Wir können also nicht mehr, wie in den traditionellen struktur-funktionalistischen Analysen oder in gewissen Varianten der Systemtheorie Struktur und Prozess, Statik und Dynamik gegenüberstellen. Sie fallen ineins. Auch ihre analytische Unterscheidung ist nicht mehr sinnvoll" (so ders. 1991; 274). Wenn man diese Überlegung allerdings konsequent weiterführt, dann tendieren einzelne Interaktionsformen grundsätzlich zur Ausdehnung und verweisen auf weitere Sinngehalte im Vorher und Nachher einer Sequenz; sie wären dann analytisch wie methodisch kaum abzugrenzen bzw. zu erfassen.

2.4.2 Analyse des Rezeptionsprozesses

Genau in diesem Spannungsfeld bewegt sich aber namentlich das Struktur- und Prozessmodell der Medienrezeption. Aufgaben der Lebensbewältigung der Probanden bei der Medienrezeption sowie sozialer und kultureller Kontext gewinnen in der Fallrekonstruktion Bedeutung als soziostrukturelle Bedingungen. Der Anspruch des interpretativen Verfahrens will die Feinanalysen ins Licht gesamtgesellschaftlicher Zusammenhänge stellen.

Das Forschungsinteresse der Längsschnittstudie (vgl. Charlton/Neumann-Braun 1992b; 14f) bezog sich auf den Medienumgang von Kindern. Aus mikrosoziologischer Sicht wurden insgesamt 200 Rezeptionsverläufe von sechs Probanden jeweils vor der Medienzuwendung, währenddessen und beim anschließenden Spiel beobachtet. In einem Zeitraum von eineinhalb bis zwei Jahren wurden die Kinder in dreiwöchigen Abständen zuhause besucht (vgl. dies. 1992a; 89). Die erhobenen Daten rekonstruierte man als Sequenzanalysen, wobei „schrittweise die Umrisse einer allgemeinen Verlaufsform des Rezeptionsprozesses" (dies. 1992b; 15) zu erkennen waren. Besondere Bedeutung kommt Handlungsspielräumen der Probanden sowie deren Steuerungsmöglichkeiten im Verlauf der Rezeption zu: Die Kinder gestalteten ihrerseits die Interaktion mit Familie und wissenschaftlichen Beobachtern („Handlungskoordination, Machtbehauptung, Nähe- und Distanzregulierung", so dies. ebd.) und bezogen die Medienthemen in ihre Alltagswelt ein.

Zur Auswertung des Datenmaterials schlägt das Struktur- und Prozessmodell in Anlehnung an die objektive Hermeneutik Oevermanns vier Phasen der Untersuchung des Rezeptionsprozesses vor. So eröffneten sich mikrosoziologische Einblicke in Sachverhalte der Medienzuwendung im Zusammenhang mit soziokulturellen und soziökologischen Bedingungen. Die vier Phasen sollen hier kurz skizziert werden (vgl. dazu Charlton/Neumann-Braun 1992a; 89ff u. Holzer 1994; 66ff):

1. Soziale Einbettung der Rezeption
Jede Rezeptionssituation ist in eine soziale Umgebung eingebunden. Beziehungsgefüge werden - ob imaginär oder real - vor Erfahrungshintergründen stets neu entwickelt; man gestaltet die Situation bereits im Vorfeld der eigentlichen (gemeinsamen) Rezeption. Handlungsrollen und Machtverhältnisse haben dabei Folgen für die Art der Zuwendung, wie umgekehrt auch der Medien-„Konsum" nicht folgenlos für soziale Beziehungen bleibt (vgl. Charlton/Neumann-Braun 1992a; 92). Es geht hier um Beziehungsgestaltung und um individuelle wie interpersonelle Koordination von Handlungen mit Relevanz für die Medienzuwendung. Letztere hat zwar zentrale Bedeutung, sie wird jedoch im Gegenzug auf ihre Relevanz für das soziale Umfeld der Rezipienten betrachtet (vgl. Holzer 1994; 66).

2. Thematische Voreingenommenheit gegenüber Mediengehalten
Die thematisch-selektive Mediennutzung bezeichnet interessengeleitete Auseinandersetzung mit (selbst)gewählten Angeboten und Inhalten. Als bedeutsamen Faktor für diese Auswahl nennen Charlton und Neumann-Braun Szenen, die bewusste wie unbewusste Charakteristika der Lebenssituation eines Rezipienten widerspiegeln. Mittels dieser Szenen können sich dem Beobachter Bedürfnislagen und Problemlösungsentwürfe erschließen. Sie

lassen sich auch als themenleitende Beschäftigung mit Medien fassen (vgl. Holzer 1994; 67).

3. Strategien der Rezeptionssteuerung
Während und nach der eigentlichen Rezeption findet eine thematische Steuerung seitens der Nutzer statt. Sie konzentrieren sich z.B. bei uninteressanteren Themen auf „formale Gestaltung, auf die Bilder oder die Hintergrundmusik“ (Charlton/Neumann-Braun 1992a; 94), wenden Schutzmechanismen bei Themen an, die eigenen Urteilen und Einstellungen widersprechen. Nach der eigentlichen Medienzuwendung ist zudem eine weitere Auseinandersetzung der Rezipientenidentität mit den Inhalten zu beobachten. Charlton und Neumann-Braun bemerken, eine intensive Beschäftigung mit Medienthemen werde durch ein vielfältiges Angebot begünstigt, während einseitigere Themenrepräsentation Abwehrkräfte und Schutzmechanismen schwächen könne (vgl. dies. 1992a; 94).

Interessenschwerpunkte oder favorisierte Themen sind situationsübergreifend über längere Zeiträume beobachtbar - sie stehen mit individuellen Auffassungen der Lebensbewältigung in Zusammenhang und werden als Hilfe in diesen Fragen genutzt. Das Struktur- und Prozessmodell bezieht diese Strategien der Themenwahl und -verwendung als „thematische Voreingenommenheit“ (ebd.; 97f) auf Rezipientenseite mit ein.

4. Aneignung der Mediengehalte und Verkopplung mit Lebens- und Entwicklungssituationen
Subjektive Aneignung von Mediengehalten ist in relativ konstanten Rezeptionsschemata oder Nutzungsgewohnheiten durch „thematische Voreingenommenheit“ bzw. Aufgaben der Lebensbewältigung geprägt. Letztere bestimmen das Rezeptionshandeln mit, indem Nutzer bei der Aneignung der Angebote „die eigenen Themen, Situationen und Realerlebnisse auf Medieninhalte [...] projizieren und [...] mit Hilfe der medial angebotenen Handlungsmuster [...] erproben“ (so Holzer 1994; 71). Insofern bietet die Medienzuwendung Testläufe für Strategien der Lebensbewältigung, sie bietet eine Art Spielwiese für Ausdrucksmöglichkeiten der Rezipientenidentität. Auf verschiedenen Stufen des Rezeptionsverlaufs kann der Nutzer des Medienangebots bei diesen Testläufen auf seine Verhaltensäußerungen hin analysiert werden. Erst in Verbindung mit seiner Biographie wird sein Handeln verständ-

lich bzw. nichtmediale Einflüsse mit Relevanz für den Mediengebrauch sind erkennbar. Wenn soziale Einbettung der Medienaneignung und thematische Voreinstellungen als vermittelt mit den Medieneigenschaften und individuellem Handeln gefasst werden, lassen sich „[...] *die sichtbaren Antworten des Kindes auf die im Medienangebot verkörperten Einflussfaktoren* [...]" (kursiv i.Orig., C.R./Charlton/Neumann-Braun 1992a; 100) untersuchen. Demnach ist individuelle Bedeutungszuweisung auf Rezipientenseite in Verbindung mit Einflüssen des medialen Angebots vor dem Hintergrund sozialer und subjektiver Faktoren zu verstehen. Das Medium vermittelt die Inhalte in Anbetracht der aktiv-selektiven Aufnahme - damit wird die situationsgebundene symbolische Aneignung im sozialen Kontext analysierbar.

Diese Autoren stellen einige Aspekte der Untersuchungsergebnisse besonders heraus: Sie verfolgten Strategien der Kinder, mit denen Autonomie gegenüber den Medien hergestellt und behauptet wurde. Die Probanden erwiesen sich „[...] als sehr medienkompetent und selbstverantwortlich auch im Umgang mit bedrohlichen Medienaussagen" (dies. 1992b; 22), weshalb die Autoren davor warnen, Medienwirkungen im S->R-Sinn anzunehmen. Sie erheben jedoch in dieser Frage keinen universellen Geltungsanspruch für den medienkompetenten und gewissermaßen medienresistenten Umgang mit Massenmedien. Insbesondere für Kinder ziehen sie Medieninhalte in Betracht, die „[...] eher nicht bewältigbar und daher schädlich sind" (so dies. ebd.).

2.5 Resümee: aktuelle Situation der Medienwirkungsforschung

In seinem Wissenskluft-Konzept erweitert Horstmann die Variablen Informationszufluss und Wissensstand des Publikums; formaler Bildung der Probanden misst er mehr Erklärungskraft bei als dem Sozialstatus. Zusätzlich bezieht er Strukturmerkmale von Gesellschaft, Mediensystem und Präsentation der Medienthemen mit ein. Mit einer Sekundäranalyse des Datenmaterials aus Wählerbefragungen zu zwei Europawahlen und einer Kommunalwahl kann Horstmann jedoch keine stichhaltigen empirischen Belege für seinen erweiterten Theorienansatz erbringen. Weder die differenzierte Analyse des Angebots von Medienseite noch Motive, thematisches Interesse und verschiedene Wissenstypen auf

Rezipientenseite oder makrostrukturelle Merkmale konnten nachweislich zur Klärung des Phänomens der wachsenden Wissensklüfte beitragen. Die geringen Wissensunterschiede zwischen formal besser und weniger Gebildeten vergrößerten sich im Zeitverlauf nicht markant.

Horstmann fordert einen Perspektivenwechsel der Wissenskluft-Forschung. Er verweist auf den Transaktionsbegriff von Davison und Bauer, der alle Teilnehmer am Prozess der Kommunikation gleichermaßen berücksichtigt, wenn die Frage nach Wirkungen gestellt wird.

Bonfadelli forscht nach ausgleichenden Faktoren, die Wissensdiskrepanzen verringern können. Er nennt in diesem Zusammenhang die unterschiedliche Interessenverteilung bezüglich Medienthemen nach Bildungsniveau und Sozialstatus der Rezipienten. Zudem differenziert er die Entwicklung von Wissensklüften auf mehreren Ebenen und geht auf Messprobleme bei der Datenerhebung ein, die selbstdarstellerische Qualitäten der Probanden – je nach Bildungsniveau und Sozialstatus – bevorteilen kann. Bonfadellis theoretischer Bezugsrahmen berücksichtigt Merkmale von Medien, deren Aussagen, gesellschaftlichen Kontext und Rezipientenbedürfnisse sowie -werte.

Seine Resultate beinhalten kaum empirische Beweise für Wissensklüfte, die noch am deutlichsten bei Fernseh- und Radionutzern zu erkennen waren. Bonfadelli konstatiert eine weitgehende Beschränkung des Phänomens auf politische Themen. Für diesen Bereich berichtet er auch von mediatisierenden Faktoren: Aufmerksamkeit, Interesse und Partizipation am politischen Leben haben für ihn Relevanz, die sich in der Mediennutzung zeigt und bei sozial Unterprivilegierten zu höherer Informiertheit führen kann. Bonfadelli differenziert Nutzungsverhalten und -motive von Rezipienten im sozialen Umfeld. Er folgt jedoch der medienzentrierten Tradition des Ansatzes und geht von einer beabsichtigt-gerichteten Wirkung im Sinne des Informationsübertrags von Medien auf Publika aus. Die Studie kann als Hinweis für Verbesserungsmöglichkeiten der politischen Bildung gelten, bietet aber letztlich nur die Einsicht, dass interessierte und engagierte Rezipienten sich besser informieren oder besser zu informieren sind.

Einen weiteren Schritt zur Verringerung von Wissensklüften geht Winterhoff-Spurk mit der Unterscheidung von Selbst-, Sach- und Technikkompetenzen. Angesichts der Fülle ständiger technischer Neuerungen in Massenkommunikation kann Unterstützung und Förderung der Rezipienten in diesen Fragen dazu beitragen, Zugangsbarrieren zu Information abzubauen.

Eine rezipientenorientierte Antwort auf das S->R-Modell gibt der Nutzenansatz. Er stellt die Aktivität des Publikums heraus und beschäftigt sich in erster Linie mit Bedürfnissen sowie mit Strategien zu ihrer Befriedigung. Weaver betrachtet diese Strategien als motiviert von kognitivem Orientierungsbedürfnis allgemeiner Art und dem Drang nach Befriedigung individuell-persönlicher Bedürfnisse. Medienwirkung als Wissenszuwachs entsteht nach Weaver in Abhängigkeit von Rezipientenmotiven und sozialem Umfeld. Nach der Untersuchung von Print- und TV-Nutzern folgert Weaver, dass sich allgemeines Orientierungsbedürfnis besser zur Erklärung der Relation von Mediennutzung und -wirkung eignet als die individuelle Suche nach Gratifikation. Er vernachlässigt allerdings Merkmale des selbstbestimmten Rezipienten, der Medien nach persönlicher Bedürfnislage nutzt. Allgemeiner Wissensdurst zur Orientierung in politischen Themenfeldern lässt wenig Rückschlüsse auf individuelle Motivationen und Nutzungsweisen zu.

Mit Hilfe eines Katalogs von Motivationen erforscht Rubin bei TV-Zuschauern Rezipientenverhalten und -einstellungen. Er ist wechselseitigen Einflüssen zwischen den Motivationen und Mustern der Fernsehnutzung auf der Spur. Mit Ausnahme des Gewohnheitsgebrauchs des Mediums weisen alle erhobenen Motive Verknüpfungen auf; sie stehen mit Rubins Nutzertypen des Informations- und Unterhaltungssuchenden in Verbindung. Er bezieht die Nutzertypen aufeinander und zeigt so Nuancen der Nutzungsmöglichkeiten auf. Dabei gewinnen die Einflussfaktoren der Motivation und Folgen ihrer Wechselbeziehung auf das individuelle Rezipientenhandeln jedoch weniger an Kontur als die Muster der Nutzung, welche Rubin ausführlicher als Weaver auf Bedürfnisse der Rezipienten auch im Unterhaltungsbereich zurückführt.

Palmgreen und Rayburn erforschen den Zusammenhang zwischen individuell gesuchten und erhaltenen Gratifikationen. Individuell längerfristig bestehende Überzeugungen und situative Einschätzungen des Medienangebots korrelieren nach diesem Ansatz mit der Befriedigung der Rezipienten. Diese können je nach Erwartungshaltung bestimmte Gratifikationen erlangen. Eine Rückkoppelung soll für erhaltene Gratifikation und affektive Bewertung des Angebots gelten, womit die Erfahrung mit Medien und entsprechende Entwicklung bei Erwartungen der Publikumsseite erfasst werden.

Diese Annahmen werden von der Empirie gestützt. Zusätzlich beobachtete man ein Abstraktionsgefälle von allgemeinem Angebot zu individuell bevorzugtem Programm - für den Zusammenhang von gesuchten und erhaltenen Gratifikationen erwies sich jeweils eine Untersuchung auf gleichem Abstraktionsniveau als sinnvoll. Rayburn und Palmgreen fordern den Einbezug von sozialem Kontext und weiterer sozialwissenschaftlicher Bereiche in die Gratifikationsforschung.

Mit dem dynamisch-transaktionalen Modell ist Medienwirkung als Kumulation verschiedener Faktoren zu begreifen. Alle Komponenten des Kommunikationsprozesses unterliegen dem Wandel. Früh und Schönbach gehen von Multikausalität der Wirkungen aus, von einer Variablenfülle, deren Bestandteile sich und andere ständig wechselseitig verändern. Die Intra-Transaktion findet als eine solche Wechselbeziehung zwischen Wissen und Aktivation, d.h. zwischen kognitver und gefühlsbezogener Motivation im Rezipienten wie auch bei Medienmachern statt. Inter-Transaktion bezeichnet eine wechselseitige Relation zwischen Kommunikator und Rezipient, die real oder imaginär vonstatten geht. Früh und Schönbach nehmen Gleichzeitigkeit der beider Transaktionstypen an - alle Kommunikationsteilnehmer beschäftigen sich sowohl miteinander als auch mit sich selbst. Wissensstand, Interessen und Erwartungen aller Beteiligten verändern sich demnach ebenso.

Das dynamisch-transaktionale Modell integriert S->R-Modell und Nutzenansatz, ohne sie aufzulösen: Sie bleiben in der Rezipienten- und Kommunikatorforschung weiterhin anwendbar. Rezipienten werden als aktiv und passiv zugleich betrachtet, was jedoch für ein konkretes Forschungsinteresse nur eine richtungsweisende Funktion des Modells bedeutet - die Autoren weisen ausdrücklich auf diesen theorieleitenden Modellcharakter hin.

Die Studie „Realitätsvermittlung durch Massenmedien" von Werner Früh et al. enthält neben solchen theoretischen Ausformulierungen Ansätze einer erweiterten Wirkungstheorie: Früh findet konstante Strategien auf Rezipientenseite, mit denen Medienangebote individuell aufgenommen und verwendet werden. Er sieht sie als selbstbezügliche Muster. Diese Regelmäßigkeiten bei der Übernahme von Medien- in Publikumsrealität nennt er permanente Transformation. Frühs erweiterter Wirkungsbegriff bezieht sich in der Konsequenz multikausal entstehender Wirkungen und Rückwirkungen auf die permanente Transformation sozialer Wirklichkeit. Damit wird dem Wirkungsbegriff noch keine konkrete neue Gestalt gegeben. Er verlangt nach einer Einbindung in weitere Zusammenhänge, die bereits weder der hier betrachteten Wissenskluftforschung noch der angeführten Nutzenforschung gelang.

Einen handlungs- und kulturtheoretischen Zugang zur Medienrezeption verfolgt das Struktur- und Prozessmodell von Charlton und Neumann-Braun. Sie wenden sich der Medienkommunikation mit der verstehenden Sozialforschung zu und interpretieren Rezipientenhandeln rekonstruktiv im soziokulturellen Kontext. Mediengebrauch und Produktion medialer Inhalte werden als kulturgebunden untersucht, womit sich der Forschung weitere Themen eröffnen.

Die Medienseite vermittelt in diesem Zugang Bedeutungen und ganze Sinnsysteme; sie inszeniert Ereignisse und Themen. Bei der Medienzuwendung eignen sich Rezipienten diese Inhalte an, indem sie ihnen selbst Bedeutungen zuweisen. Mit phänomenologischen und ethnomethodologischen Überlegungen fassen diese Autoren Medienrezeption als Alltagshandeln im kulturellen Kontext. Dabei ist die Alltagswelt keineswegs vorgegeben, sie wird von den Gesellschaftsmitgliedern - bewusst und unbewusst - ständig (neu) geschaffen.

Kulturelle Identität zeigt sich in vergangenen und gegenwärtigen Äußerungen bzw. Repräsentationen oder (Selbst)Inszenierungen einer Gesellschaft - soweit man angesichts der technischen Möglichkeiten massenmedialer Vernetzung in diesem Zusammenhang noch von ethnischen Besonderheiten ausgehen will.

Charlton und Neumann-Braun befassen sich besonders mit Handlungsspielräumen der Rezipienten, mit aktiv-kreativem Medienumgang im sozialen Umfeld. Die relative Autonomie des Publikums untersuchen sie im Struktur- und Prozessmodell bezüglich Motiven wie zentralen Lebensaufgaben der Rezipienten, Bedürfnislagen, thematischem Vorwissen und Kontrolle des Rezeptionsvorgangs (Nähe-/Distanzregulierung zum Medium).

Für die Auseinandersetzung mit Mediengehalten werden Aspekte des symbolischen Interaktionismus herangezogen: Sinn ist prinzipiell aus Verhaltensäußerungen in Interaktionsverläufen rekonstruierbar. Im gesellschaftlichen Erfahrungs- und Verhaltensprozess, welcher auch die Medienzuwendung umfasst, wird Objekten Sinn zugewiesen. Rollenübernahme und Vergleich eigener Positionen mit medial präsentierten Handlungen, Protagonisten und Normen ermöglichen den Rezipienten aktive Identitätsbewährung und -bildung. Die eigentliche Medienrezeption findet oft in Gegenwart von Familie, Bekannten und Kollegen statt, auch hier ist folglich der Umgang mit Medienthemen zu untersuchen. Nicht nur vor und nach der eigentlichen Medienzuwendung lassen sich Handlungsrollen und Machtverhältnisse im Sozialgefüge erkennen.

Den soziokulturellen Hintergrund einer Rezeptionssituation spiegeln medial vermittelte Sinnsysteme in Ausschnitten wider. Vor dem Hintergrund allgemein denkbarer Bedeutungszuweisungen und Sinnstrukturen werden protokollierte Sequenzen der Medienzuwendung interpretiert. Hierzu bietet Oevermanns Verfahren der objektiven Hermeneutik die Rekonstruktion von Interaktionsverläufen auf verschiedenen Realitätsebenen an: Regeln sprachlicher Kommunikation und aus der soziokulturellen Erfahrung bekannte Handlungsmuster bilden einen Verständnisrahmen, in den der Forscher bei der Analyse die subjektiv beabsichtigten Äußerungen der Akteure einordnet. Diese Textauslegung sucht also nach strukturspezifischen Merkmalen protokollierter Sequenzen, welche sie aus allgemein annehmbaren, objektiven Sinnstrukturen für die analysierte Sequenz ableitet.

Charlton und Neumann-Braun gewinnen mikrosoziologische Einblicke in die symbolische Aneignung von Mediengehalten. Das Rezipientenhandeln weist bei den untersuchten Vorschulkindern nicht nur Spielräume auf - es ist weitgehend von der Autonomie der Probanden bestimmt und gesteuert. Die konstatierte Medienkompetenz der Kinder verabsolutieren diese Autoren nicht; sie sehen Gefahren in Mediengehalten, mit deren Aufnahme und Verarbeitung Kinder überfordert sind. Das kann jedoch im Hinblick auf den komplexen Begriff der Medienkompetenz nicht nur für Publika im Kindesalter angenommen werden. Defizite im Medienumgang lassen sich mit entsprechenden Maßstäben bei jedem Rezipienten finden (vgl. Winterhoff-Spurk 1999; 20f).

3. Wissenschaftstheoretische Verortung und Folgen

Zu Beginn der 1980er Jahre stellte Werner Schulz der Medienwirkungsforschung die Diagnose „bisher nie gekannter theoretischer und methodischer Prosperität“ (ders. 1982; 65) aus. Dieses Wachstum sieht er in mikroskopischer Forschung zu Medienwirkung nach Wissen, Einstellungen und Verhalten einzelner Rezipienten, also in der Reiz-Reaktions-orientierten Perspektive begründet. Sie ist nach Schulz der Gegenstand von Psychologie und Sozialpsychologie; die „Wirkung der Medien auf Gesellschaft und ihre Teilbereiche, dabei vor allem auf das politische System“ (ders. ebd.) erkunde makroskopische Forschung von gesellschafts- und politikwissenschaftlicher Warte. Dafür seien sozialisatorische Funktionen der Massenmedien von Interesse, also soziales Umfeld und Lernprozesse der Rezipienten in einer sozialen Realität, in der besonders audiovisuelle Medien Orientierungs- und Verhaltensmuster vermittelten.

Die Forderung nach einer einheitlichen Theorie der Medienwirkungen mit umfassendem Erklärungs- und Prognosepotential für alle Teilbereiche des Forschungsgebiets weist Schulz als unangemessen zurück. Er fasst Theorie allgemein als „Satz von Hypothesen [...], der in sich durch die Beziehung der Implikation oder Deduzierbarkeit strukturiert ist. [...] Der Mangel an Theorie ist also eher ein Mangel an definitorischer Präzision und an einer formalisierten Sprache“ (ders. a.a.O.). Eine konsistente Theorienlandschaft könnte demnach die verschiedenen Forschungsstränge der Wirkungsforschung in sich vereinen, wenn sie präzisere Hypothesen und methodische Instrumente zur Verfügung hätte. Aber wäre alles von medienzentrierten Ansätzen bis hin zum weitgehend autonom handelnden Rezipienten, der Wirkung durch Aneignung des Medienangebots selbst bestimmt, mit nur hinreichend ausgeführten theoretischen Konzepten und definitorischer Feinarbeit am Begriffsapparat in ein Theoriensystem zu integrieren und entsprechend empirisch prüfbar?

Empirische Nachweise einer solchen einheitlichen Wirkungstheorie hält Schulz ausschließlich mit den Mitteln des kontrollierten Experiments für möglich: „Von allen Forschungsdesigns ist nur die experimentelle Anordnung in der Lage, Kausalbeziehungen zu operationalisieren und damit der logischen Struktur von Wirkungshypothesen exakt Rechnung zu tragen. Das Experiment ist daher auch die einzige Methode, die Kausalnachweise von zweifelsfreier Evidenz zulässt" (Schulz 1982; 66). Schulz hält Messprobleme empirisch-kausalanalytischer Verfahren mit Randbedingungen und Prozesscharakter der Kommunikation für lösbar; das Experiment diene lediglich der Beweisführung und lasse sich mit einer Vielfalt von Methoden in verschiedenen Situationen durchführen (vgl. ebd.). Dazu fordert Schulz eine Datenerfassung, die raum-zeitlichen Status der Untersuchungseinheiten inklusive der Beziehungen zwischen ihnen sowie Dynamiken kommunikationsgerechter behandelt. Sie würde die „Konzepte 'Wirkung' und 'Kausalität' als eine relativ leicht zu begreifende Angelegenheit erscheinen lassen, nämlich als einen Teilaspekt der Veränderung von Systemen" (so ders. ebd.; 67). Von systemtheoretischer Warte hält Schulz also experimentelle Nachweise von Wirkungsdynamiken für machbar.

Was Werner Schulz da in Aussicht stellt, erscheint mit Blick auf die aktuellere Wirkungsforschung euphorisch bis utopisch. Alle hier exemplarisch vorgestellten Forschungsstränge lassen wenig theoretische Geschlossenheit erkennen: Nutzenansatz und Wissenskluftforschung operationalisieren mit umgekehrten Vorzeichen. Was in der Gratifikationsforschung als abhängige Variablen behandelt wird (Medienangebot), das ist für die knowledge gap-Forschung die unabhängige Größe et vice versa. Das dynamisch-transaktionale Modell vermag diese beiden Ausgangspunkte nicht in einem theoretischen Bezugsrahmen unterzubringen, der seine Entsprechung in der erfahrbaren Wirklichkeit hätte. Für den sinnverstehend-rekonstruktiven Zugang des Struktur- und Prozessmodells gelten andere wissenschaftstheoretische und methodologische Kategorien; statt nomologisch-deduktiver Hypothesenprüfung im kontrollierten Experiment soll Alltagshandeln unter betont nicht-experimentellen Bedingungen verfolgt werden. Macht es da noch Sinn, Werner Schulz' Aussicht auf eine konsistente Theorienlandschaft zu teilen?

Metatheoretische Ausgangsbasis der empirischen Wirkungsforschung ist spätestens seit Lasswell der kritische Rationalismus Sir Karl Raimund Poppers, der als paradigmatische Forschungsgrundlage oder forschungsleitende Wissenschaftstheorie bezeichnet wird: „[...] die empirisch-kausalanalytisch verfahrende sozialwissenschaftliche Methode" (so Riedel 1990; 30f). Inwieweit ist dieser Rationalismus an Problemen der Wirkungsforschung beteiligt?

3.1 Kritischer Rationalismus und seine Folgen für die Wirkungsforschung

3.1.1 Grundzüge des wissenschaftstheoretischen Programms

In Poppers kritischem Rationalismus besteht Streben nach wissenschaftlicher Erkenntnis in der Prüfung von Aussagensystemen an der Erfahrung. Erkenntnislogisch postuliert er hierzu intersubjektive Nachvollziehbarkeit, deduktive Überprüfung und Falsifizierbarkeit aller Theorie (vgl. Popper 1984; 7ff).

Wenn ein Theoriengebilde intersubjektiv nachvollziehbar sein soll, dann ist es den Kritikern der wissenschaftlichen Gemeinschaft zu eröffnen. So konkurrieren verschiedene Theorien miteinander. Für Popper ist Objektivität durch methodische Prüfung der Aussagensysteme gewährleistet: „Die *Objektivität* der Sätze liegt darin, dass sie *intersubjektiv nachprüfbar* sein müssen." (Popper 1984; 18/kursiv i. Orig., C.R.). Das soll die Gefahr subjektiver Willkür ausschließen, denn „die Objektivität der Wissenschaft ist nicht eine individuelle Angelegenheit der verschiedenen Wissenschaftler, sondern eine soziale Angelegenheit ihrer gegenseitigen Kritik, der freundlich-feindlichen Arbeitsteilung der Wissenschaftler, ihres Zusammenarbeitens und auch ihres Gegeneinanderarbeitens." (ders. 1993; 112).

Hypothesen und theoretische Annahmen sind logisch-deduktiv zu prüfen, d.h. aus allgemeinen Aussagen sind unter Ausschluss logischer Widersprüche Folgerungen abzuleiten und besondere Sätze zu bilden. Logische Konsistenz ist eine Voraussetzung für den vorläufigen Geltungsanspruch von Theoriensystemen. Ihre Erklärungs- und Prognosefähigkeit erweist sich in methodischer Prüfung des Theorienvergleichs und an der Erfahrung. Popper führt hierzu das Vorgehen nach Versuch und Irrtum an: „Die so genannte Objektivität der Wissenschaft besteht in der Objektivität der kritischen Methode; das heißt aber vor allem darin, dass keine Theorie von der Kritik befreit ist, und auch darin, dass die logischen Hilfsmittel der Kritik - die Kategorie des logischen Widerspruchs - objektiv sind" (Popper 1993; 106). Ein Theoriensystem muss in der Reduktion des Allgemeinheitsniveaus seiner Aussagen reguliert werden, um einen unendlichen Regress zu vermeiden. Für die Prüfung an der Erfahrung muss eine theoretische Basis festgelegt und begründet werden. Basissätze sind folglich relativ zum Erklärungspotential eines theoretischen Konstrukts zwischen Allgemeinheits- und Detailniveau zu wählen. Sie bilden die Erfahrungsgrundlage oder empirische Basis wissenschaftlicher Erkenntnis (vgl. Popper 1984; 75) und werden im Sinne der zu prüfenden Theorie fixiert.

Das Falsifikationsprinzip soll Kritikfähigkeit und Erneuerung der Theorienlandschaft sichern. Jede bewährte Theorie hat sich ständig in Frage stellen zu lassen; der Weg aller Kritik ist im kritischen Rationalismus Falsifikation. Mit potentieller Widerlegbarkeit trägt jede Theorie zum wissenschaftlichen Fortschritt, zum Erkenntnisgewinn bei: sie bestätigt Bewährtes oder hilft erklärungsfähigeren Konzepten auf den Plan. Nach Popper ist das Falsifikationsprinzip treibendes Moment der Wissenschaft. Kritik belebt das Geschäft jedoch nur, wenn Objektivität nicht als absolute Wahrheit mit universellem Anspruch gesucht wird.

Im Programm des kritischen Rationalismus gilt die objektive Wahrheit nicht als Ziel von Erkenntnisgewinn: „Die Idee der Wahrheit ist es, die es uns erlaubt, vernünftig über Fehler und rationale Kritik zu sprechen, die uns rationale Diskussion ermöglicht - das heißt eine kritische Diskussion, die nach Fehlern sucht und dabei ernsthaft das Ziel verfolgt, möglichst viele dieser Fehler zu eliminieren, um der Wahrheit näher zu kommen. So bringt gerade die Idee des Irrtums - und der Fehlbarkeit - die Idee einer objektiven Wahrheit als des Ideals mit sich, das wir möglicherweise nie erreichen“ (Popper 1994; 334).

Kritisch-rationale Objektivität lässt sich für die empirische Prüfung, für die Erfahrung als Methode nach Popper in drei Kriterien formulieren: Ein empirisch prüfbares Theoriensystem muss einen logisch widerspruchsfreien Aufbau vorweisen, eine erfahrbare, keine metaphysische Welt sein und es soll gegen andere Theorien abgrenzbar, d.h. an seiner Erklärungs- und Prognosefähigkeit identifizierbar sein. „Die „Erfahrung“ erscheint in dieser Auffassung als bestimmte *Methode* der Auszeichnung eines theoretischen Systems [...]. Die Erkenntnislogik, die diese Methode, das Verfahren der Auszeichnung der empirischen Wissenschaft zu untersuchen hat, kann als eine Theorie der empirischen Methode bezeichnet werden - als *die Theorie dessen, was wir „Erfahrung“ nennen.*“ (Popper 1984; 14/Kursives wie i.Orig., C.R.). Mit diesem Methodenverständnis lässt sich jedoch nicht davon ausgehen, dass für Popper alle Theorie auch aus der Erfahrung entsteht. Die in Datensätzen festgehaltenen Grundlagen der Erfahrung, die Protokollsätze, sind für Popper nicht unantastbar (vgl. ebd.; 63) - Datenerhebung muss von situativem und subjektivem Einfluss mitbestimmt sein, sie soll aber auch nach methodischen Vorgaben ablaufen.

Ausgangspunkte für Theoriebildung und Erkenntniszuwachs sind für Popper nicht (nur) empirische Überprüfungen und dementsprechend Ausrichtung der Theorie an der Praxis. Er sieht Forschung von Problemen praktischer wie auch theoretischer Art ausgehen. Für die praktischen nennt er exemplarisch Armut, politische Unterdrückung und Rechtsunsicherheit. Theoretische Probleme fasst Popper als Differenz von Wissen und Nichtwissen angesichts unerklärbarer Phänomene und als logische Widersprüche zwischen Theorie und Erfahrung (vgl. ders. 1993; 104f).

Zur Funktion logischer Schlüsse in der methodischen Prüfung konstatiert Popper: „Die deduktive Logik ist die Theorie der Übertragung der Wahrheit von den Prämissen auf die Konklusion. [...] Wenn alle Prämissen wahr sind und der Schluss gültig ist, dann *muss* (kursiv i.Orig., C.R.) auch die Konklusion wahr sein; und wenn daher in einem gültigen Schluss die Konklusion falsch ist, so ist es nicht möglich, dass die Prämissen alle wahr sind." (so ders. 1993; 115f). Dieser „gültige Schluss" ist bei Popper die formallogisch zunächst simple Beziehung der klassischen aristotelischen Schlussfolgerung: eine hypothetische Relation, etwa in der Form „wenn p, dann q", gilt als Majorprämisse oder Obersatz. Das ist eine gesetzmäßige Aussage - wenn der Untersatz erfüllt ist und p eintritt, so folgt die conclusio logisch zwingend - q muss der Fall sein (vgl. Ritsert 1996; 96ff).

Was Popper als das „logische Grundschema jeder Erklärung" (ders. 1993; 118) im Zentrum wissenschaftlicher Methode sieht, ist für die empirische Prüfung theoretischer Annahmen bzw. von Majorprämissen nur unter Berücksichtigung relevanter Randbedingungen anwendbar. Das kontrollierte Experiment, dem Werner Schulz methodische Tauglichkeit auf dem Feld sozialwissenschaftlicher Wirkungsforschung ausweist, erfordert allerdings reproduzierbare Ergebnisse unter (annähernd) gleichen Randbedingungen. Wie steht es aber gerade in den Sozialwissenschaften mit diesen zunächst so simplen Syllogismen?

3.2 Probleme der kritisch-rationalistischen Wirkungsforschung

Was Werner Schulz 1982 mit der deduktiv-erklärenden Methode und dem Experiment als Beweismittel benannte und doch bei seinem emphatischen Plädoyer für einen zukünftigen Brückenschlag zwischen diversen Wirkungsansätzen nicht hinlänglich in Betracht zog, damit beschäftigte sich Hergen Riedel 1990: kritischer Rationalismus als wissenschaftstheoretischer Hintergrund der Medienwirkungsforschung.

Riedel sieht ein Dilemma, welches Theoriebildung und Erkenntniszuwachs hemmt bis ganz blockiert. Er bemängelt besonders den Fortbestand von Detailhypothesen, die längst als Irrtümer falsifiziert gehörten und nur fortbestünden, weil die Theorienkonkurrenz von der praktischen Verwertbarkeit der Forschungsresultate gelähmt sei (vgl. Riedel 1990; 286). Der Mangel eines fundierten gesellschaftstheoretischen Konzepts der Wirkungsforschung geht nach Riedel mit der starken Praxisanbindung einher: „[...] der Konsens über die offenbar gegenstandsadäquaten empirisch-analytischen Verfahrensweisen verspricht zwar sichere Erkenntnisse für binnen- und außerwissenschaftlich reputationswertige Verwertungskontexte, bedingt aber die Kreation zumeist unverbundener Einzelhypothesen geringer Erklärungskraft“ (ebd.; 275). Im Gegensatz zu Werner Schulz' zuversichtlicher Position bezweifelt Riedel die Chance auf logisch widerspruchsfreie Einordnung der Ansätze in einen wirkungstheoretischen Rahmen und ihre stichhaltige Belegbarkeit im kontrollierten Experiment.

Als konträre Schwerpunkte der Medienwirkungsforschung nennt Riedel die Konzentration auf Medium und Rezipient. In der behavioristisch-mechanistischen S->R-Tradition beschäftigt sich die Forschung ihm zufolge mit Publikumsmerkmalen. Mittels intervenierender Variablen und mediatisierender Faktoren erreichten zunehmend differenzierte Analysen individuelle Muster der Medienzuwendung, die jedoch als störende Einflüsse des Wirkungsflusses behandelt würden. Sie gelten, wie etwa beim boomerang-Effekt, als Randbedingungen des Wirkungspotentials von Quelle und Inhalt (vgl. Riedel 1990; 324ff).

Gegenstand von Inhaltsanalysen sind Darstellungsstile, sprachliche Mittel und optische bzw. akustische Inszenierungen. Wie in der Frage technischer Produktionsbedingungen und Präsentationsmöglichkeiten des Medientyps wird die Rezeption im Zeichen des theoretischen Fluchtpunkts Medium vom Angebot bestimmt. Die medienzentrierte Perspektive befasst sich mit Wirkungsursachen seitens Kommunikator, Inhalt und Medientyp. Medienpräsentierte Realität ist vorselektiert, bevor der Rezipient sie überhaupt zur Verfügung bekommt. Sie enthält wirkungsrelevante Faktoren, die in erweiterten S->R-Konzepten von Rezipientenseite gefiltert werden.

In einer weniger mediengebundenen Draufsicht auf die Medienkommunikation forderte bereits Bauer die Gleichgewichtung wirkungsrelevanter Größen. Riedel sieht diesen Einbezug der Publikumsperspektive in Prozesscharakter und individualpsychologischen Aspekten begründet, welche das Wirkungspotential der Kommunikatorseite einschränken. Mit dieser Begrenzung deutet das S->R-Modell aus sich heraus auf die Rezipientenseite hin: „Bedürfnisse, präkommunikative Einstellungen und Meinungen zu bestimmten Sachverhalten sowie individuelle kognitive Fähigkeiten brechen in den vormals angenommenen Wirkungsverlauf ein - der Rezipient ohne Eigenschaften ist passé“ (Riedel 1990; 330).

Die Omnipotenz der Medien nach dem magic bullet-Modell wurde spätestens seit den 1970ern von Nutzentheoretikern mit dem Konzept aktiver und selbstbestimmter Rezipienten gekontert. Interpretativer Medienumgang und die Weltbilder heterogener Publika sowie soziale Kontexte rückten ins Blickfeld. Die Merkmale des Publikums behandelte man nicht länger als Störfaktoren, sondern als individuelle Motive und Strategien der Suche nach Gratifikation, als Bedingungen von Aufnahme und Verwendung des Medienangebots: „Die vom Kommunikator aus der Komplexität der Ereignisse als Medieninformationen ausgewählten Sachverhalte werden im Sozialverbund zum Material einer erneuten Auswahl und Bewertung [...]. Die soziale Kontextur des in dieser theoretischen Auffassung zögerlich als gesellschaftliches, eher aber als gruppenspezifisches Wesen erkannten Rezipienten erbringt in ihrem interpersonalen Verband kontinuierlich Orientierungsleistungen für den einzelnen, der diese in der Auseinandersetzung mit Medienstimuli umsetzt und verwertet“ (so Riedel 1990; 334). Von Medienwirkung im Reiz-Reaktionssinn kann in der Gratifikationsforschung, wie bei publikumszentrierten Ansätzen insgesamt, nicht mehr die Rede sein. Diese Sichtweise „erhebt die Nicht-Linearität und individualspezifische

Brechung des Wirkungsverlaufes zum Programm und reflektiert das Rezipienten„verhalten" nicht als pure Reaktion in einer einsinnigen S->R-Abfolge ohne Alternativen der Effekte, sondern bestimmt dieses „Verhalten" als intentionales, von eigenen artikulierbaren Bedürfnissen und Erwartungen der Bedürfnisbefriedigung gesteuertes soziales Handeln" (ders. ebd.; 338).

Nach dem Seitenwechsel des Interesses von der Kommunikatorposition zum Publikum konstatiert Riedel theoretische Stagnation. Das Dilemma: die (Wirkungs)Macht der Medien steht in Theorienkonkurrenz mit der des souveränen Publikums (vgl. a.a.O.; 346). Als theoretische Verbindung zwischen den Wirkungs- und Aneignungskonzepten gilt das Selektionsprinzip (so z.B. Schenk 1987; 369/Merten et al. 1992; 22). Produktionsseite und Rezipienten haben gleichermaßen nach Auswahlkriterien vorzugehen bei Themen und Intensität der Aufmerksamkeit, die erreicht bzw. investiert werden soll. Gatekeeper- und agenda setting-Funktion beziehen sich auf Informationskontrolle von Medienseite, während sich der aktive Rezipient durch selektive Zuwendung auszeichnet.

Die Selektion, nach Mead neben der Abstraktion Grundmuster jeder Interaktion (Mead 1987; 304f), ist für Riedel ein „Schlüsselbegriff bei der Erklärung des Kommunikationsprozesses: Knappheit der Ressource Aufmerksamkeit zwingt neben der Vermeidung kognitiver Dissonanzen nicht nur den Rezipienten, auch den Kommunikator zur Auswahl, zu Entscheidungshandeln gegenüber Informationen bzw. Sachverhalten" (Riedel 1990; 350). Was ist aber mit dieser theoretischen Klammer Selektion erreicht? Ist sie hinreichend dazu geeignet, für Konsistenz in der Theorienlandschaft zu sorgen?

Das dynamisch-transaktionale Modell enthält die gegensätzlichen Annahmen von S->R- und Nutzenansatz. Eben damit ist jedoch ein Komplexitätsniveau erreicht, von dem aus die Hypothesen nicht mehr empirisch prüfbar sind. Transaktionalität besitzt keine experimentell in der Erfahrungswelt belegbaren Entsprechungen. Für Riedel ist das der Versuch, „ein Integrationsmodell zu konstruieren, um in einem konnektiven Verfahren verschiedenartige Hypothesenbausteine miteinander zu verbinden; [...] Ziel bleibt somit der Aufbau immer komplexerer, komplizierterer - und methodisch problematischerer zu operationalisierender- Erklärungsentwürfe [...]" (so Riedel 1990; 383). Die inkonsequente Falsifizierung überkommener Theorien arbeitet nach Riedel dem Dualismus weiter zu. Anstatt das interpretative Paradigma mit Hilfe des symbolischen Interaktionismus weiter auszubauen und zu etablieren, fördere der kritische Rationalismus die Stagnation mit Poppers erklärtem Ziel wissenschaftlicher Erkenntnis: mit dem systematischen Fortgang zu immer spezifischeren Teilhypothesen, die sich an der Erfahrung bewähren müssen (vgl. ebd.; 389). Intersubjektivität, nomologisch-deduktive Falsifizierbarkeit und Faktenprobe in möglichst vielen Einzelsituationen sind seit Lasswell Leitbilder der Wirkungsforschung und haben dennoch keine Wirkungsgesetze mit Allgemeinheitsanspruch erbracht.

In der Praxisnähe der Medienwirkungsforschung zu Politik und Wirtschaft sieht Riedel auch weiterhin die interessengebundene Auftragsforschung dominieren. Er warnt vor dem Fortbestand der Selbsttäuschung über Ideale einer Tatsachenwissenschaft: „Die empirische Wirkungsforschung hat sich so mit ihrem Ziel, präzise Erklärungen und Prognosen über die Wirksamkeit von Medienbotschaften liefern zu können, seit ihren historischen Anfängen als anwendbare Steuerungswissenschaft gesellschaftlicher Kommunikations- oder Persuasionsprozesse par excellence empfohlen. Ein Fundament dafür liefert der kritische Rationalismus, der seine wissenschaftstheoretisch-methodologischen Vorschriften mit dem Überbau einer anwendungsorientierten „piecemeal social technology" versieht" (so Riedel 1990; 394). Poppers Instrument zur Absicherung gegen Metaphysik, Spekulation und Werturteile, nämlich der Weg objektiver Erkenntnis als souveräne Rationalität, hebt für Riedel die Gegenstände der Wirkungsforschung aus ihren Entstehungsbedingungen sozialer und historischer Art. Auftragsforschung und Verwertungskalkül tendieren nach seiner Auffassung dazu, Entdeckungs- und Begründungszusammenhänge von der theoretisch adäquaten Abbildung der Realität zu entfernen. So „bleibt die scheinbare An-sich-Existenz von (Wirkungs-)Problemen der Kommunikationswirklichkeit, die wissenschaftliche Erklärungsversuche quasi aus sich heraus auslösen, eine erkenntnistheoretische Illusion [...]" (ders. ebd.; 393). Der universelle Geltungsanspruch des szientistisch gefärbten kritischen Rationalismus wäre somit in der Medienwirkungsforschung verfehlt. Für das Wirkungsproblem bietet der kritische Rationalismus zwar Erklärungen an, muss aber mit seinen kausallogischen Analysen dabei bleiben, „Phänomene der sozialen Realität zu erklären, nicht zu verstehen [...]. Der dazu methodologisch im Rahmen von Experimenten oder Befragungen favorisierte „before-after-Vergleich" verstärkt die Tendenz, Medieneffekte primär als erfahrbare Veränderung/Verstärkung zu entdecken" (so ders. ebd.; 416).

Die Möglichkeiten einer Medienwirkungs- und Kommunikationsforschung mit fundierter sozialwissenschaftlicher Anbindung liegen für diesen Autor in beratenden Funktionen. Politik- und Programmgestaltung sind jedoch auch auf die Akzeptanz von politischer wie medienökonomischer Seite angewiesen (vgl. ebd.; 469ff). Denn gerade von dort stammen die Finanziers der kritisierten Auftragsforschung. Soziologische Medienwirkungsforschung hat laut Riedel auf die „analytische Hilfskonstruktion" (a.a.O.; 473) der rein kausallogisch-deduktiv und empirisch prüfbaren Kernhypothesen zu verzichten. Auch wenn die sozialwissenschaftlichen Zugänge zum Wirkungsphänomen weniger Verwertungsinteresse von Politik und Medienpraxis erregen. Jene operieren mit Annahmen zum indirekten Einfluss der Medien (siehe two-step-flow) und mit Medienumgang als sozialem Handeln (Selektion, interpersonelle Verwendung). Die Sozialisationsperspektive und der aktive Rezipient stehen den Anliegen der Kommunikatoren entgegen: „Sie werden in einem Rahmen sozialer Verflechtungen und aufeinander verwiesener Beziehungen verhandelt und verarbeitet, wo weniger Stimuli denn die Aufeinanderbezüge interagierender (Kommunikations)Partner und Gruppenmitglieder sowie der hier verhafteten Parameter zur Wahrnehmung und Bezugsmuster gegenüber Medieninhalten wirksam sind" (Riedel 1990; 479).

Innerhalb der kritisch-rationalistisch ausgerichteten Publikums- und Nutzenforschung vermisst Riedel interpretative und rekonstruktive Verfahren, welche individuelle bzw. sozial vermittelte Sinnzuweisungen bei der Medienzuwendung untersuchen könnten. Die sozialen Voraussetzungen der Medienkommunikation hält dieser Autor nur mit einem solchen Verfahren für wissenschaftlich analysierbar, das die empirische Wirkungsforschung ins „Spannungsfeld zwischen Kommunikationswissenschaft und Gesellschaft" (ebd.; 510) rückt.

Auch Gregor Halff beschäftigt sich mit dem Dualismus in der Wirkungsforschung zwischen Wirkungsannahmen nach S->R-Schema und publikumsorientierten Ansätzen der Gratifikationsforschung. Wie Riedel begründet er die unübersichtliche Vielfalt der Ansätze mit der metatheoretischen Verankerung im kritischen

Rationalismus. Die einzelfallgerechte Theorienprüfbarkeit führt für Halff zu einem Theorienmosaik, dessen Teile der Wirkungsproblematik nicht mehr gerecht werden: „[...] sie müssen sich auf immer kleinere Ausschnitte der Medienwirklichkeit beziehen, denn ihr (empirischer) Wahrheitsgehalt steigt, solange ihre Eintrittswahrscheinlichkeit fällt. [...] Sie reduzieren den komplexen Gegenstand 'Medienwirkungen' auf immer feinere, nomologische 'wenn-dann' bzw. 'je-desto'-Hypothesen, um zu Erkenntnisfortschritten zu gelangen, allerdings um den Preis der nahezu infiniten Parzellierung des ursprünglichen Forschungsgegenstands" (so Halff 1998; 21f).

Die von Popper geforderte Intersubjektivität wird geradezu verhindert, wenn die Forschung Teilergebnisse und Hypothesen zunehmend spezifischer Untersuchungsgegenstände aufhäuft. Eine solche verstreut-spezialisierte Forschung läuft Gefahr, die Bedingungen von Ursache und Wirkung sowie den Prozesscharakter von Kommunikation zu vernachlässigen. Halff beurteilt diese Tendenz als Verkürzung und Verfälschung des Gegenstands; er kritisiert die behavioristische Konzentration auf Verhaltensäußerungen, deren Veränderungen bereits als empirisch gesicherte Medieneffekte gelten. Halff konstatiert Mängel des kontrollierten Experiments, das an zentralen Aspekten sozialer Realität vorbeimesse: „[...] Statt empirisch die 'generelle Kausalhypothese' zu validieren (oder eindeutig zu falsifizieren) können einzelne Studien diese mit einer kaum zu kontrollierenden Variablenvielfalt und ceteris-paribus-Bedingungen immer wieder nur modifizieren und relativieren" (ebd.; 27). Die Grenzen kritisch-rationalistisch analysierbarer Realität tauchen also spätestens da auf, wo die Unmöglichkeit der vollständigen Einzelfallbeschreibung (individuum est ineffabile) ihren Strich durch diese Rechnung zieht.

Auch für Halff resultiert aus dieser wissenschaftstheoretischen Basis eine Stagnation wissenschaftlicher Erkenntnismöglichkeiten. Er hält diese Pattsituation weder mit der parallelen Weiterführung beider Stränge, noch in ihrer Addition oder im ergänzenden Wechselverhältnis, d.h. Anwendung je nach Forschungsinteresse, für überwindbar. Ein einheitliches theoretisches Fundament erwägt auch Halff wegen der gegensätzlichen Ausrichtung der Medien- und Publikumsforschung nicht. Er fordert einen integrativen und komplexen Ordnungsrahmen, der Wirkungskausalität und aktiven Rezipienten aufnehmen kann. Dafür betrachtet er das von H.E. Krugman in den 1960er Jahren formulierte Involvement-Konstrukt. Es schreibt den bewussten Assoziationen, mentalen Verbindungen oder persönlichen Bezügen des Rezipienten während der Medienzuwendung Wirkungsrelevanz zu (engl.: „number of conscious 'bridging expieriences', connections or personal references", so Krugman 1966; 548). Diese Messgröße zieht individualpsychologische und Stimulus-Kriterien zu einer wechselseitigen Abhängigkeit zusammen. Bis in die 1980er Jahre, so Halff, habe die Medienwirkungsforschung das Involvement-Konstrukt auf spezielle Einzelaspekte des Kommunikationsprozesses hin entwickelt und empirische Resultate für Einzelfälle erhalten. In der medienzentrierten Forschung sei das erkenntnistheoretische Potential des Involvement-Begriffs „[...] auf die Knotenpunkte seiner generellen Kausalhypothese: Medienstimulierende Wirkung beim Rezipienten [...]" Halff 1998; 173) vereinfacht und so verkannt. Die Gratifikationsforschung verfolgt laut Halff das gleiche Ziel; in ihrem Interesse liegen Randbedingungen der Nutzung und daraus resultierende Nutzungsmuster (vgl. ebd.).

Ausgehend von den Studien zum Elaboration Likelihood Model (ELM) will Halff die Brauchbarkeit dynamisch-transaktional geleiteter Involvement-Forschung zeigen. Das ELM fasst Elaboration als rezipienteneigene, differenzierte und medienkompetente Verwendung von Medieninhalten. Medien- und Rezipienteneigenschaften werden in der Wechselbeziehung aufeinander als Wirkung begriffen. Das Publikum bewertet Informationsangebote vor kognitiven und affektiven Erfahrungshintergründen. Als Datenmaterial werden Protokolle lauten Denkens ausgewertet, für die Probanden ihre Rezeptionserlebnisse während der Zuwendung mitteilen (vgl. a.a.O. 177). Halff prüft das ELM nach Vorgaben des kritischen Rationalismus und verortet das Modell mit seiner wechselseitigen Verknüpfung der Wirkungskomponenten in der dynamisch-transaktionalen Perspektive nach Früh und Schönbach. Er muss dem ELM deshalb die empirische Prüfbarkeit absprechen. Da es keinen empirischen Gehalt aufweist, wird das Modell dem Prinzip der Falsifizierbarkeit nicht gerecht (vgl. ebd.; 233). Halff sieht für das ELM nur heuristisches Potential und folgert: „Damit ist ein neuer Versuch, Transaktionalität empirisch um- und forschungsleitend einzusetzen, gescheitert" (a.a.O.; 239).

Auch dieser Autor stellt eine Beschränkung der Wirkungsforschung durch die kritisch-rationalistische Wissenschaftstheorie fest. Halff nennt die Fixierung auf Kausalgrößen, direkt Beobachtbares und einzelne Messpunkte im Zeitverlauf, an denen Veränderungen untersucht würden. Er beklagt damit einhergehende Ausfälle: „Statt der hermeneutischen, 'verstehenden' Methode gilt [...] für die Humanwissenschaften auch die Methode der empirizistischen 'conjectures and refutations'. Genauer: Dies *ist* (kursiv i.Orig., C.R.) eine, bzw. die einzige Methode, weil sie Introspektion mit rationaler Kritik verbindet" (ebd.; 243). Demnach verfehlt die Methode objektiver Erkenntnis nach nomologisch-deduktivem Vorgehen jede Beziehung ohne ausgewiesene Kausalzusammenhänge. Transaktionalität, also gleichzeitig-wechselseitige Einflussnahme verschiedener Faktoren und ein Zeitverlauf, der ohne Reduktion auf einige Momentaufnahmen in wirkungstheoretische Ansätze einfließt, erlaubt der kritische Rationalismus nicht. Gregor Halffs fast kausallogisch anmutendes Fazit lautet: „*Wenn also die Medienwirkungsforschung sich (mit transaktionalen Theoremen) aus ihrer Erkenntnisstagnation befreien soll, darf sie nicht länger auf dem kritischen Rationalismus basieren*" (kursiv i.Orig., C.R./a.a.O.; 246).

4. Ausweg in Aussicht?

Die wissenschaftsheoretischen Vorgaben des kritischen Rationalismus bringen die Wirkungsforschung nach der angeführten Kritik nicht über Teilhypothesen und empirische Teilergebnisse hinaus. Kommunikationseffekte als Veränderungen im Zeitverlauf und soziale Kontexte der Medienkommunikation lassen sich nur in Hypothesenform fassen - bislang war ihre methodengeleitete Prüfung an der Erfahrung nicht zu realisieren.

Eine szientistisch ausgerichtete Wirkungsforschung geht nach Poppers kritisch-rationalistischer Methode mit naturwissenschaftlichem Vorbild vor. Experimente sollen eindeutige und reproduzierbare Ergebnisse erbringen, soweit die Randbedingungen je nach Versuchsanordnung kontrollierbar sind. In den Sozialwissenschaften lassen sich aber gerade diese Randbedingungen zu selten präzise kontrollieren, um aussagekräftige Thesen zu prüfen.

Max Weber begriff Soziologie als deutendes Erfassen und erklärendes Verstehen. Seiner Auffassung nach kann eine handlungstheoretische Perspektive nur so „erklären": „Erfassung des *Sinnzusammenhangs* (kursiv i.Orig., C.R.), in den, seinem subjektiven Sinn nach, ein aktuell verständliches Handeln hineingehört" (so Weber 1960; 9). Kausalität muss in diesem Sinnzusammenhang nicht unbedingt eine Rolle spielen. In der soziologischen Medienwirkungsforschung könnten demnach auch unerwünschte Kommunikationseffekte und ungewollte bzw. den Rezipienten unbewusste Motive von Handlungen erschlossen werden, die der traditionellen Wirkungsforschung vorenthalten bleiben.

Der Methodenstreit zu Kommunikation und Wirkung in der empirischen Sozialforschung bezieht sich auf Abwägung angemessener Anteile von qualitativen und quantitativen Verfahren in einer Methodenkombination. Empirische Sozialforschung hat in der Auswertung von Datenmaterial (ob Texte oder numerisch erhobene Daten) stets auch qualitative Aspekte zu berücksichtigen (dazu Pratsch 1988; 77). Interpretative Verfahren weisen den Vorteil auf, dass sie Sinngehalte rekonstruierend erfassen und soziales Handeln verstehend erschließen. Dabei kann die Methode genauso intersubjektiv nachvollziehbar sein und ähnlich dem logischen Schluss vor der kritischen Prüfung bestehen. In der rekonstruktiven Analyse nach Oevermann gilt diese intersubjektive Nachvollziehbarkeit als „Objektivität" der Hermeneutik. Logische Widerspruchsfreiheit taugt dort jedoch kaum zum Indikator von Wissenschaftlichkeit: Soziales Handeln ist nicht durchweg rational zu beschreiben und zu erklären.

Eine solche interpretierende Untersuchung des Phänomens Medienwirkung ist in der rekonstruktiven Analyse nach Anleitung des Struktur- und Prozessmodells zu sehen. Dieses qualitative Verfahren stützt sich im Vergleich zur quantitativen Methodentradition allerdings auf Datensätze kleineren Umfangs. Der Allgemeinheitsanspruch der Aussagen wird dadurch zwar eingeschränkt; ihre Gültigkeit ist jedoch für die untersuchte Situation höher, als es bei nomologisch-deduktiven Verfahren der Fall sein kann. Soziokulturelle Kontexte können in der verstehenden Rekonstruktion von Rezeptionsverläufen besser berücksichtigt werden.

Verstehende Sozialforschung kann ohne die Vorgaben strikt kausallogischer und nomologisch-deduktiver Methoden Rezeptionsprozesse in soziokulturellen Bezügen verorten. Rezeptionshandeln wird durch Regelmäßigkeiten und in der Zeit wiederkehrende Muster verständlich. Damit sind keineswegs Gesetze gefunden, d.h. Aussagen mit Gültigkeit zu jeder Zeit an jedem Ort. Die Handlungsmuster bieten aber den Vorteil nachvollziehbarer Einblicke in kleine Ausschnitte von Interaktions- bzw. Kommunikationsabläufen. Diese Ausschnitte werden in der wissenschaftlichen Analyse in Bezug auf objektiv denkbare Sinnzuweisungen, Oevermanns „latente Sinnstrukturen" rekonstruiert, weshalb sie eine gewisse intersubjektive Nachvollziehbarkeit erreichen. Das Struktur- und Prozessmodell kann auf diese Weise nicht nur kausallogische Abläufe erfassen, sondern auch Brüche und Widersprüchliches der Medienkommunikation gesellschaftstheoretisch nachvollziehen.

Wo gesellschaftliche Prozesse ohne innere Widersprüche und Gegensätzlichkeiten untersucht werden, ist mehr als Skepsis angebracht. Solches lässt sich jedenfalls nicht vom gesellschaftskritischen Denken Theodor W. Adornos behaupten: Seine Kulturkritik bezieht sich auf einen Verblendungszusammenhang aus industriell produzierten Kulturwaren und Kunst für den Konsumenten. Sie stellt die Integrationsfunktion von Massenmedien als Herrschaftsinstrumente von Wirtschaft und Politik heraus, mit denen gesellschaftliche Zwänge vermittelt werden. „Die Kulturindustrie grinst: werde, was du bist, und ihre Lüge besteht gerade in der wiederholenden Bestätigung und Verfestigung des bloßen Soseins, dessen, wozu der Weltlauf sie gemacht hat" (Adorno 1963; 78). Medienkommunikation ist nicht nur Übermittlung von Botschaften im Sinne des Transmissionsmodells; Medien sind zentrale Agenten sozialer Sinnvermittlung (vgl. dazu Charlton/ Neumann-Braun. 1992a; 58).

Auch das dynamisch-transaktionale Modell von Früh und Schönbach kann diese Vermittlung nicht theoretisch fassen, es hat nur Hypothesencharakter. Mit dem Zweifel Riedels und Halffs erweist sich der kritische Rationalismus als Wissenschaftstheorie der sozialwissenschaftlichen Wirkungsforschung spätestens hier als unbrauchbar: Alle am Wirkungsprozess beteiligten Faktoren sind in einem wechselseitigen Einfluss zu beschreiben, sie verändern ständig andere Wirkungskomponenten und gleichzeitig sich selbst. Diese Figur der Transaktionalität ist im kontrollierten Experiment nicht mehr zu prüfen.

Ein anderer Erfahrungsbezug der Wirkungsforschung ist notwendig, um dem Gegenstand gerecht zu werden; ein adäquateres Modell zur Beschreibung des Kommunikationsablaufs müsste Medien, Publikum und soziokulturellen Kontext anders angehen. In diese Richtung zeigt das Struktur- und Prozessmodell. Aus dem rekonstruktiven Verstehen der qualitativen Methode Oevermanns bezieht es seine Aussagefähigkeit. Um es noch weiter in einen gesellschaftstheoretischen Rahmen einzubinden, scheint die Suche nach mehr als dem Strukturbegriff zur Beschreibung soziokultureller Kontexte angebracht.

Folgt man den Überlegungen der Kultur- und Gesellschaftskritik Adornos, dann steht zunächst eine nähere Auseinandersetzung mit inneren Gegensätzlichkeiten von Gesellschaft an. Vorteile der Vergesellschaftung fordern ihren Tribut: „Der Prozess zehrt davon, dass die Menschen dem, was ihnen angetan wird, auch ihr Leben verdanken. Die affektive Besetzung der Technik, der Massenappell des Sports, die Fetischisierung der Konsumgüter sind Symptome dieser Tendenz." (Adorno 1995; 18). Die Kulturindustrie tröstet und täuscht die Menschen über den Tribut der Unterordnung hinweg, der ihnen von der umfassenden Sog„wirkung" gesellschaftlicher Integrationszwänge abverlangt wird. Sie nehmen diese Zwänge bewusst in Kauf: „Die intimsten Reaktionen der Menschen sind ihnen selbst gegenüber so vollkommen verdinglicht, dass die Idee des ihnen Eigentümlichen nur in äußerster Abstraktheit noch fortbesteht: personality bedeutet ihnen kaum mehr etwas anderes als blendend weiße Zähne und Freiheit von Achselschweiß und Emotionen. Das ist der Triumph der Reklame in der Kulturindustrie, die zwangshafte Mimesis der Konsumenten an die zugleich durchschauten Kulturwaren" (so Horkheimer/Adorno 1996; 176).

Wenn man bereit ist, diese Unterdrückung des denkenden Subjekts nicht als „Verdummungstheorie" abzutun (immerhin durchschauen die Konsumenten das Spiel!), dann könnte sie Hilfestellungen zum Ausweg aus der Stagnation der Wirkungsforschung bieten. Adornos Kulturkritik muss nicht ohne weiteres gleichbedeutend mit apokalyptischem Kulturpessimismus sein. Nach der Auseinandersetzung mit K.R. Popper wäre die genannte Stagnation nicht mit nomologisch-deduktiver Hypothesenprüfung zu überwinden; diese Methoden werden auch nach Adorno im Interesse der Auftragsforschung eingesetzt. Sie sind zu weit von den eigentlichen Bedingungen der Medienkommunikation entfernt und erreichen lediglich kommerziell verwertbare Ergebnisse. Adorno lehnt folglich eine empirische Sozialforschung ab, die Herrschaftsverhältnisse mit naturwissenschaftlich angelegten Experimenten nicht anrühren, sondern nur neues Herrschaftswissen hervorbringen kann und sich unkritisch in den Dienst von Politik und Wirtschaft stellt (vgl. Ritsert 1998; 71f).

Das Publikum der Massenmedien ist desillusioniert und medienkompetent genug, um die eigene Lage zu erkennen. Es kann kulturindustrielle Präsentation von Politik und Werbung als Unterhaltung aufnehmen: „Wir haben in einer guten politischen Bildung gelernt, den Anspruch auf Selbstbestimmung ernst zu nehmen, und haben auch die Erfahrung, dass wir intellektuell schon imstande wären mitzureden, dass das nur niemanden interessiert, dass eine arrogante Verwaltung über uns hinweghobelt und eine harthörige Politik uns mit Floskeln abspeist und sich zugleich in der Selbstdarstellung lächerlich macht" (so Steinert 1998; 170f).

Was das Angebot hergibt, nimmt das Publikum auf. Wie individuell, selbstbestimmt und aktiv Rezipienten auch immer dastehen, sie haben nur bestimmte Medieninhalte zur Verfügung, selbst wenn sie aus einer unüberschaubaren Angebotsvielfalt wählen können. Medien- und Publikumsseite sind in einen sozialen Kontext eingebunden, der sich beständig wandelt. Diese gesellschaftlichen Rahmenbedingungen von Medienkommunikation wären in jeder analysierbaren Situation aufzuzeigen.

Regelmäßigkeiten im Zeitverlauf der Kommunikation und Muster der Reproduktion gesellschaftlicher Handlungen kann folgende dialektische Vermittlungsfigur andeuten (vgl. Ritsert 1997; 155):

$$V = A\,[B] \neg g \circledR B\,[A].$$

Die Relation g bezeichnet ein striktes Ausschlussverhältnis. Die Momente A und B sind einander entgegengesetzt. Gleichzeitig sind sie in einem logischen Einschlussverhältnis zu begreifen: Jedes Moment (A bzw. B) verweist aus sich heraus auf die Merkmale des anderen, es trägt sie als negative in sich. Diese Vermittlung der Gegensätze in sich wäre in den widersprüchlichen Interessen der Kommunikationsteilnehmer zu erkennen. Das dynamisch-transaktionale Modell beschreibt das Verhältnis von Medium und Rezipienten ganz ähnlich, es reicht jedoch nicht über die Beschreibung hinaus.

Eine adäquate theoretische Bestimmung dieses Verhältnisses ist nur unter Einbezug beider Pole in einen gesellschaftlichen Rahmenbezug zu leisten. Aus diesem Grund greifen S->R-Modell und Nutzenansatz zu kurz. Transaktionalität ist ohne ihre Entsprechung in der Erfahrungswirklichkeit empirisch nicht prüfbar, was auch für diese dialektische Vermittlungsfigur gilt. Sie könnte jedoch einen Ausgangspunkt für interpretative Verfahren bilden: Mit „der strikten Antinomie als Vermittlung ohne Mitte“ (Ritsert 1997; 158) ist allgemein diskontinuierliche gesellschaftliche Entwicklung zu beschreiben. Die angeführte Vermittlungsfigur als metatheoretischer Ansatz für Wirkungstheorien könnte interpretativen Zugängen sozialwissenschaftlicher Wirkungsforschung zumindest einen Anhaltspunkt bieten.

5. Bemerkungen und Ausblick

Nach den angeführten Versuchen sind eindeutig erklärbare Abläufe und Nachweise für Medienwirkung bislang nicht gefunden. Nachweise für Medienwirkung lassen sich aus soziologischer Perspektive offensichtlich nicht mit kontrollierten Experimenten erreichen, denn die Kontrolle von Randbedingungen reduziert die Aussagefähigkeit der Resultate zu sehr. So können soziale Kontexte nur unbefriedigend berücksichtigt werden.

Mit interpretativen Verfahren ist der Alltag des Medienumgangs adäquater zu erfassen. Die Validität sinnverstehender Rekonstruktion einzelner Situationen im soziokulturellen Umfeld ist höher. Wirkungen werden hier als symbolische Aneignung von Mediengehalten untersucht, weshalb es sich eher um Rezeptionsforschung handelt. Effekte werden weniger im Zusammenhang mit Ursachen und Reizen als bei der Bedeutungszuweisung des Rezipienten betrachtet; als Rezeptionshandeln ist „Wirkung" auf Motive der Rezipienten rückführbar.

An Aussagenreichweite bzw. Repräsentativität gefundener Nutzungs- und Handlungsmuster des Medienumgangs ist dieser Ansatz der quantitativen Forschung mit ihren nomologisch-deduktiv orientierten Methoden unterlegen, diese konnte jedoch bislang für keine vermutete Gesetzmäßigkeit der Medienwirkung eindeutige empirische Gültigkeit behaupten. In der Werbewirkungsforschung zu Marketingzwecken, die ebenfalls in wissenschaftlichem Rahmen betrieben wird, sind dennoch quantitative Verfahren im Einsatz: Aufmerksamkeit, Produktwissen und Verhaltensänderung werden als Wirkungen im Publikumsverhalten gemessen. Das geschieht mittels Befragungen, simulierten Entscheidungssituationen und Aktivationsmessungen (Hautwiderstand, Blutdruck, Augenbewegung etc., vgl. Gleich 2000; 40f). Hier beweist das S->R-Modell seine Hartnäckigkeit.

Den Rezipienten der Massenmedien ist nicht abzusprechen, dass sie Medienangebote aktiv aufnehmen. Menschen sind im alltäglichen Umgang mit Massenmedien daran gewöhnt, sich aktiv mit Medien und Inhalten auseinanderzusetzen. Sie werden mit dieser Medienkompetenz kaum zu manipulierbaren Erfüllungsgehilfen, nur weil sie sich medialer Kommunikation zuwenden. Auch differenzierte Wirkungstheorien konnten keine stichhaltigen empirischen Beweise für einen einseitigen Wirkungsfluss von

Kommunikator zu Rezipient erbringen, der höchstens von Merkmalen des Publikums gestört wäre.

Das szientistische Wissenschaftsverständnis hat sich in der soziologischen Wirkungs- bzw. Rezeptionsforschung selbst überholt. Es verweist schon aus sich heraus auf gesellschaftliche Zusammenhänge, in die es selbst eingebettet ist und die es doch nicht hinreichend würdigen kann. In der Gratifikationsforschung wurden diese Zeichen genauso erkannt (Palmgreen 1984; 558) wie in der Wissenskluftforschung (Bonfadelli 1994; 230). Mit dem dynamisch-transaktionalen Modell deutet Früh auf gesellschaftliche Kontexte und sozialen Wandel hin (vgl. ders. 1994; 406). Das Struktur- und Prozessmodell leistet mit den Bezügen zum sozialen Umfeld in handlungs- und kulturtheoretischem Zugang einen Beitrag zum Verständnis gesellschaftlicher Bedingungen und Folgen des Medienumgangs. Wirkungen werden hier allerdings weniger untersucht als Aneignung der Medien, was für diesen Forschungszweig keinen direkten Vergleich mit der Medienwirkungsforschung zulässt.

Mit Watzlawick et al. ließe sich Wirkung mit Kommunikation gleichsetzen (dies. 1969; 51). Das Wirkungsproblem wäre damit jedoch nicht gelöst; ob es sich noch kausallogisch erklären lässt, wäre doch stark zu bezweifeln. Eine verstehende Soziologie mit kritisch fundiertem metatheoretischen Ansatz, handlungs- und kulturtheoretischem Zugang sowie interpretativ-rekonstruktiven Methoden bietet sich dazu eher an.

Angesichts mangelnder Erkenntnisse zu den Wirkungsverläufen medialer Kommunikation und fehlender Wirkungsgesetze ist leicht vor schädlichen Folgen der Medien gewarnt. Angebotsvielfalt und Möglichkeiten des Zugangs wie der Nutzung können natürlich Anlass zur Euphorie wie zur Panik geben. Nur sollte dabei die Rolle eines weitgehend selbstbestimmten Publikums, das seinen Verstand beim Einschalten nicht ausknipst, Berücksichtigung finden.

Literatur

Adorno, Theodor W. (1963): Eingriffe. Neun Kritische Modelle, Frankfurt/M.

Adorno, Theodor W. (1995): Soziologische Schriften I, Frankfurt/M.

Bauer, Raymond (1964): The Obstinate Audience, The Influence Process from the Point of View of Social Communication, in: American Psychologist 19, S.319-328

Bonfadelli, Heinz (1987): Die Wissenskluftforschung, in: Schenk, Michael: Medienwirkungsforschung, Tübingen

Bonfadelli, Heinz (1994): Die Wissenskluft-Perspektive - Massenmedien und gesellschaftliche Information, Konstanz

Brosius, Hans-Bernd (1997): Modelle und Ansätze der Medienwirkungsforschung: Überblick über ein dynamisches Forschungsfeld, herausgegeben von Hans Süssmuth, Bonn

Cantril, Hadley (1940): The Invasion from Mars, Princeton

Charlton, Michael/Neumann-Braun, Klaus (1990): Medienrezeption und Identitätsbildung. Kulturpsychologische und kultursoziologische Befunde zum Gebrauch von Massenmedien im Vorschulalter, Tübingen

Charlton, Michael/Neumann-Braun, Klaus (1992a): Medienkindheit - Medienjugend, München

Charlton, Michael/Neumann-Braun, Klaus (1992b): Medienthemen und Rezipiententhemen. Einige Ergebnisse der Freiburger Längsschnittuntersuchung zur Medienrezeption von Kindern, in: Schulz, Winfried (Hg.): Medienwirkungen - Einflüsse von Presse, Radio und Fernsehen auf Individuum und Gesellschaft, Weinheim

Charlton, Michael (1997): Rezeptionsforschung als Aufgabe einer interdisziplinären Medienwissenschaft, in: Charlton, Michael/Schneider, Silvia (Hg.): Rezeptionsforschung, Opladen

Chill, Hanni/Meyn, Hermann (1998): Wirkungen der Medien, in Bundeszentrale für politische Bildung (HG): Informationen zur politischen Bildung 260, 3/1998, München

Davison, W. Philips (1959): On the Effects of Communication, in: Public Opinion Quarterly, 23, S. 343-360

DeFleur, Melvin, Ball-Rokeach, Sandra (1989): Theories of Mass Communication, 5.Aufl. New York

Donohue, George A/Tichenor, Phillip J./Olien, Clarice N. (1972): Gatekeeping: Mass Media Systems and Information Control, in: Kline, F. Gerald/Tichenor, Phillip J.: Current Perspectives in Mass Communication Research, Beverly Hills/London

Donsbach, Wolfgang (1987): Die Theorie der Schweigesprale, in: Schenk, Michael: Medienwirkungen, Tübingen

Duden (1990): Das Fremdwörterbuch, 5.Aufl. Mannheim

Erbring, Lutz (1984): Langfristige Medienwirkungen: ein Archivdefizit für die Medienwirkungsforschung, in: Mahle, Walter A. (1986): Langfristige Medienwirkungen, Berlin

Früh, Werner/Schönbach, Klaus (1982): Der dynamisch-transaktionale Ansatz - Ein neues Paradigma der Medienwirkungen, in: Publizistik 27, S. 74-88

Früh, Werner (1991): Medienwirkungen: Das dynamisch-transaktionale Modell: Theorie und empirische Forschung, Opladen

Früh, Werner (1994): Realitätsvermittlung durch Massenmedien: Die permanente Transformation der Wirklichkeit, Opladen

Geiger, Theodor (1967): Die Massen und ihre Aktion - Ein Beitrag zur Soziologie der Revolutionen, Darmstadt

Giddens, Anthony (1978): Durkheim, Fontana

Gleich, Uli (2000): Werbewirkung - Gestaltungseffekte und Rezipientenreaktionen, in: Media Perspektiven Heft 1/2000; S. 40-46

Großmann, Brit (1999): Medienrezeption: Bestehende Ansätze und eine konstruktivistische Alternative, Opladen/Wiesbaden

Haake, Wilmont (1970): Publizistik und Gesellschaft, Stuttgart

Halff, Gregor (1998): Die Malaise der Medienwirkungsforschung: Transklassische Wirkungen und klassische Forschung, Opladen

Hall, Stuart/du Gay, Paul (1996): Questions of Cultural Identity, London

Halloran, James D. (1966): Wirkungen des Fernsehens, in: Studien zur Massenkommunikation 3, herausgegeben vom Hans-Bredow-Institut der Universität Hamburg (im Original: The Effects of Mass Communication. With Special Reference to Television, Leicester)

Hartstein, Reinhard (1995): Rundfunkstaatsvertrag: Kommentar zum Staatsvertrag der Länder zur Neuordnung des Rundfunkwesens, 2. Aufl. München

Heller, Eva (1984): Wie Werbung wirkt: Theorien und Tatsachen, Frankfurt/M.

Höffe, Otfried (1996): Lesebuch zur Ethik : philosophische Texte von der Antike bis zur Gegenwart, München

Holzer, Horst (1994): Medienkommunikation - Eine Einführung, Opladen

Horkheimer, Max/Adorno, Theodor W. (1996): Dialektik der Aufklärung - Philosophische Fragmente, Frankfurt/M. (im Original Amsterdam 1947)

Horstmann, Reinhold (1991): Medieneinflüsse auf politisches Wissen: zur Tragfähigkeit der Wissenskluft-Hypothese, Wiesbaden

Hovland, Carl I./Janis, Irving L./Kelley, Harold H. (1966): Communication and Persuasion - Psychological Studies of Opinion Change, New Haven/London (im Original 1953)

Hunziker, Peter (1988): Medien, Kommunikation und Gesellschaft, Darmstadt

Joußen, Wolfgang (1990): Massen und Kommunikation - Zur soziologischen Kritik der Wirkungsforschung, Weinheim

Katz, Elihu/Lazarsfeld, Paul F. (1955): Personal Influence - The Part Played by People in the Flow of Mass Communications, Glencoe

Katz, Elihu/Foulkes, Daniel (1962): On the Use of the Mass Media as „Escape": Clarification of a Concept, in: Public opinion Quartely 26; S. 377-388

Kennedy, George A. (Hg., 1991): Aristoteles: On Rhetoric : a theory of civic discourse, New York

Kepplinger, Hans-Mathias (1998): Der Nachrichtenwert der Nachrichtenfaktoren, in: Holtz- Bacha, Christina/Scherer, Helmut/Waldmann, Norbert (Hg.): Wie die Medien die Welt erschaffen und wie die Menschen darin leben, Opladen/Wiesbaden

Klapper, Joseph T. (1960): The Effects of Mass Communication, Glencoe

Kline, F. Gerald/Tichenor, Phillip J. (1972): Current Perspectives in Mass Communication Research, Beverly Hills/London

Krugman, H.E. (1966): The Measurement of Advertising Involvement, in: Public Opinion Quarterly, 30; S. 583-596

Lasswell, Harold D. (1948): The Structure and Function of Communication in Society, in: Bryson, Lyman (Hg.):The Communication of Ideas, New York/London

Lasswell Harold D. (1927): The theory of political propaganda, in: American Political Science Review, 21, S.627-631

Lasswell, Harold D. (1971): Propaganda Technique in the World War, Massachusetts (Original: London 1927)

Lazarsfeld, Paul F./Berelson, Bernhard/Gaudet, Hazel (1944): The People's Choice, New York

Lazarsfeld, Paul F./Merton, Robert K. (1948): Mass Communication, Popular Taste and Organized Social Action, in: Bryson, Lyman (Hg.):The Communication of Ideas, New York/London

Leber, Martin (1988): Die Beziehungen zwischen Mediennutzungsverhalten und nicht-medialen Freizeitaktivitäten - Ansätze einer freizeitsoziologischen Weiterung des „Uses-and-Gratifications-Approach", Dissertation an der Universität Basel, Bern/Frankfurt/M./New York/ Paris

Le Bon, Gustave (1982): Psychologie der Massen, 15. Aufl., Stuttgart (im Original 1895)

Lewin, Kurt (1951): Field Theory in Social Science, herausgegeben von Cartwright, Dorwin, New York

Lippert, Heinrich (1987): Rezipienten-orientierte Medienwirkungsforschung: Grundlegung und Modell einer Rezipienten-orientierten

Medienanalyse am Beispiel von Filmen für den Einsatz im Unterricht zur Hinführung in der Arbeits- und Wirtschaftswelt, Münster

Lowery, Shearon A./DeFleur, Melvin L. (1988): Milestones in Mass Communication Research, 2. Aufl. New York (im Original 1983)

Lull, J.: (1980): The social uses of television, in: Human communication Research 6; S. 197-209

Maletzke, Gerhard (1963): Psychologie der Massenkommunikation, Hamburg

Marx, Karl/Engels, Friedrich: Werke Bd. 1; Dietz Verlag, Berlin 1961

McCombs, Maxwell E./Shaw, Donald L. (1972): The Agenda-Stetting Function of the Mass Media, in: Public Opinion Quarterly 36, S.176-187

McLuhan, Marshall (1972): The Medium is the Message, in: Schramm, Wilbur/Roberts, Donald F.: The Process and Effects of Mass Communication, Urbana (im Original: McLuhan (1966): Understanding Media: The Extensions of Man, New York)

Mead, George H. (1995): Geist, Identität und Gesellschaft aus der Sicht des Sozialbehaviorismus, 10. Aufl. Frankfurt/M. (im Original: Chicago 1934)

Mead, George H. (1987): Gesammelte Aufsätze Bd. I, herausgegeben von Hans Joas, Frankfurt/M.

Merten, Klaus/Giegler, Helmut/Uhr, Friederike (1992): Grundlegende Ansätze und Methoden der Medienwirkungsforschung, herausgegeben vom Bundesinstitut für Bevölkerungsforschung, Wiesbaden

Merten, Klaus (1984): Vom Nutzen des „Uses and Gratifications Approach“ - Anmerkungen zu Palmgreen, in: Rundfunk und Fernsehen 32/1; S. 66-71

Merten, Klaus (1986): Hierarchische Medienwirkungen, in: Mehle, Walter A.: Langfristige Medienwirkungen, Berlin

Merten, Klaus/Giegler, Helmut/Uhr, Friederike (1992): Grundlegende Ansätze und Methoden der Medienwirkungsforschung, Wiesbaden

Merten, Klaus/Schmidt, Siegfried J./Weischenberg, Siegfied (1994): Die Wirklichkeit der Medien, Opladen

Müller-Doohm, Stefan/Neumann-Braun, Klaus (1989): Medienforschung und Kulturanalyse, Oldenburg

Müller-Doohm, Stefan/Neumann-Braun, Klaus (1995): Kulturinszenierungen, Frankfurt/M.

Neumann-Braun, Klaus (1993): Rundfunkunterhaltung - Zur Inszenierung publikumsnaher Kommunikationsereignisse, Tübingen

Noelle-Neumann, Elisabeth (1970): Kann das Fernsehen als Stachel der Gesellschaft wirken?, in: Stolte, Dieter (Hg.): Mainzer Tage der Fernsehkritik Bd. 2, Mainz

Noelle-Neumann, Elisabeth (1979): Massenmedien und sozialer Wandel - Methodenkombination in der Wirkungsforschung, in: Zeitschrift für Sozialforschung Jg. 8, Heft 2, S.169-182

Noelle-Neumann, Elisabeth (1980): Die Schweigespirale. Öffentliche Meinung - unsere soziale Haut, München

Noelle-Neumann, Elisabeth (1982): Der Konflikt zwischen Wirkungsforschung und Journalisten, in: Publizistik 1, S.114ff.

Oevermann, Ulrich/Allert, Tillman/Kronau, Elisabeth/Krambeck, Jürgen (1979): Die Methodologie einer >>objektiven Hermeneutik<< und ihre allgemeine forschungslogische Bedeutung in den Sozialwissenschaften, in: Soeffner, Hans-Georg (Hg.): Interpretative Verfahren in den Sozial- und Textwissenschaften, Stuttgart

Oevermann, Ulrich (1991): Genetischer Strukturalismus und das sozialwissenschaftliche Problem der Erklärung der Entstehung des Neuen, in: Müller-Doohm, Stefan (Hg.): Jenseits der Utopie, Frankfurt/M.

Packard, Vance (1968): Die geheimen Verführer - Der Griff nach dem Unbewussten in jedermann, Düsseldorf, (Original: The Hidden Persuaders, 1957)

Palmgreen, Philip (1984): Der „Uses and Gratifications Approach" - Theoretische Perspektiven und praktische Relevanz, in: Rundfunk und Fernsehen 32/1; S. 51-59

Popper, Karl R. (1984): Logik der Forschung, Tübingen

Popper, Karl R. (1993): Objektive Erkenntnis: ein evolutionärer Entwurf, Hamburg

Pratsch, Kristina (1988): Akademische und angewandte Massenkommunikationsforschung - Dargestellt am Beispiel der Medienforschung der Rundfunkanstalten, Dissertation an der Bergischen Universität - Gesamthochschule Wuppertal

Rayburn II, J. D./Palmgreen, Philip (1984): Merging uses and Gratifications and Expectancy-Value Theory, in: Communication Research 11/4; S. 737-563

Reichertz, Jo (1986): Probleme qualitativer Sozialforschung - Zur Entwicklungsgeschichte der Objektiven Hermeneutik, Frankfurt/New York

Renckstorf, Karsten (1998):Kommunikationswissenschaft heute - Forschungsproblem, theoretische Perspektiven und Forschungsfragen, Bonn

Riedel, Hergen (1990): Zur Erforschung von Wirkungen. Über den Kritischen Rationalismus in der Sozialwissenschaft und dessen Adaption in der Medienwirkungsforschung der Bundesrepublik Deutschland, Frankfurt/Bern/New York/Paris

Ritsert, Jürgen (1988): Das Bellen des toten Hundes - Über Hegelsche Argumentationsfiguren im sozialwissenschaftlichen Kontext, Frankfurt/New York

Ritsert, Jürgen (1996): Einführung in die Logik der Sozialwissenschaften, Münster

Ritsert, Jürgen (1997): Gerechtigkeit und Gleichheit, Münster

Ritsert, Jürgen (1998): Drei Studien zu Adorno, Studientexte zur Sozialwissenschaft, Frankfurt/M.

Ronge, Volker (1984): Massenmedienkonsum und seine Erforschung - eine Polemik gegen „Uses and Gratifications", in: Rundfunk und Fernsehen, 32/1; S. 73-81

Rubin, Alan M.(1983): Television Uses and Gratifications: The Interactions of Viewing Patterns and Motivations, in: Journal of Broadcasting 27/1; S. 37-51

Schenk, Michael (1987): Medienwirkungsforschung, Tübingen

Schischkoff, Georgi (1965): Philosophisches Wörterbuch, Stuttgart

Schmidt, Siegfried J. (1994): Konstruktivismus in der Medienforschung: Konzepte, Kritiken, Konsequenzen, in: Merten, Klaus/Schmidt, Siegfried J./Weischenberg, Siegfied: Die Wirklichkeit der Medien, Opladen

Schönbach, Klaus (1992): Medienwirkung und ihre Ursachen: Wie wichtig sind Zeitungsberichte und Leserinteressen?, Konstanz

Schönbach, Klaus (1984): Ein integratives Modell? Anmerkungen zu Palmgreen, in: Rundfunk und Fernsehen 32/1; S. 63-65

Schönbach, Klaus (1992):Transaktionale Modelle der Medienwirkung: Stand der Forschung, in: Schulz, Winfried (Hg.): Medienwirkungen - Einflüsse von Presse, Radio und Fernsehen auf Individuum und Gesellschaft, Weinheim

Schönbach, Klaus/Schulz, Winfried (1985): Europawahl-Panel 1984. Der Einfluss der Kampagne auf das Interesse an der Wahl, auf Einstellungen zu Europa und auf die Wahlabsicht, Nürnberg

Schramm, Wilbur/Roberts, Donald F. (1972): The Process and Effects of Mass Communication, Urbana

Schulz, Werner (1982): Ausblick am Ende des Holzweges. Eine Übersicht über die Ansätze der neuen Wirkungsforschung, in: Publizistik 27, S. 49-73

Schulz, Winfried/Schönbach, Klaus (1981): Das Fernsehen im Europawahlkampf. Erste Ergebnisse aus einer international vergleichenden Multimethodenstudie, in: Rundfunk und Fernsehen 29; S. 26-41

Stegbauer, Christian (1996): Euphorie und Ernüchterung auf der Datenautobahn, Frankfurt/M.

Steinert, Heinz (1998): Kulturindustrie, Münster

Stiehler, Hans- Jörg (1996): Die einen zahlen, die zweiten forschen, und die dritten machen Weiter wie bisher?, in: Schorb, Bernd/Stiehler, Hans-Jörg: Medienlust - Medienlast. Was bringt die Rezipientenforschung den Rezipienten?, Berlin

Sturm, Hertha (1982): Der rezipientenorientierte Ansatz in der Medienforschung, in: Publizistik 27; S. 88-94

Tichenor, Philip J./Donohue, George A./Olien, Clarice N. (1970): Mass Media Flow and Differential Growth in Knowledge, in: Public Opinion Quarterly 34; S. 159-170

Tichenor, Philip J. et al. (1973): Community Issues, Conflict, and Public Affairs Knowledge. In: Clarke, Peter (Hg.): New Models for Mass Communication Research, Beverly Hills

Tykwer, Jörg (1992): Distanz und Nähe - Zur Konstitution ästhetischer Erfahrung - Eine soziologische Sinnexplikation der ersten Szenen des Spielfilms *Rote Sonne* , Frankfurt/M.

Watzlawick, Paul/Beavin, Janet H./Jackson, Don D. (1969): Menschliche Kommunikation: Formen, Störungen, Paradoxien, Bern

Weaver, David/McCombs, Maxwell/Shaw, Donald L. (1998): International Trends in Agenda-Setting Research, in: Holtz-Bacha, Christine/Scherer, Helmut/Waldmann, Norbert (Hg.): Wie die Medien die Welt erschaffen und wie die Menschen darin leben, Opladen/Wiesbaden 1998

Weaver, David (1980): Audience Need for Orientation and Media Effects, in: Communication Research 7/3; S. 361-376

Weber, Max (1960): Soziologische Grundbegriffe, Sonderdruck aus: Wirtschaft und Gesellschaft, 4.Aufl. 1956, Tübingen

Weber, Max (1988): Gesammelte Aufsätze zur Soziologie und Sozialpolitik, herausgegeben von Marianne Weber, 2. Aufl. Tübingen

Weber, Max (1992): Soziologie - Universalgeschichtliche Analysen - Politik, herausgegeben von Johannes Winckelmann, Stuttgart

Weiß, Johannes (1988): Georg Simmel, Max Weber und die »Soziologie«, in: Rammstedt, Otthein: Simmel und die frühen Soziologen, Frankfurt/M.

Wilke, Jürgen (1986): Ansätze zu einer Wirkungsgeschichte der Massenmedien, in: Langfristige Medienwirkungen, herausgegeben von Mahle, Walter A, Berlin

Winter, Rainer (1997): Vom Widerstand zur kulturellen Reflexivität. Die Jugendstudien der British Cultural Studies, in : Rezeptionsforschung, herausgegeben von Charlton, Michael/Schneider, Sylvia, Opladen

Winterhoff-Spurk, Peter (1989): Fernsehen und Weltwissen - Der Einfluss von Medien auf Raum- und Personenschemata, Opladen

Winterhoff-Spurk, Peter (1999): Auf dem Weg in die mediale Klassengesellschaft? Psychologische Beiträge zur Wissenskluft-Forschung, in: Medien Praktisch 3/1999; S. 17-22

Wörner, Markus H. (1990): Das Ethische in der Rhetorik des Aristoteles, Freiburg (Brsg.)

Wright, C.R. (1960): Functional Analysis and Mass Communication, in: Public Opinion Quarterly 24, S.605-620

EINSTIEGE

Grundbegriffe der Sozialphilosophie und Gesellschaftstheorie

Band 11/12 *Jürgen Ritsert*
Ideologie
ISBN 3-89691-689-0

Band 10 *Heiner Ganßmann*
Politische Ökonomie des Sozialstaats
ISBN 3-89691-690-4

Band 8 *Jürgen Ritsert*
Soziale Klassen
ISBN 3-89691-692-0

Band 7 *Christoph Görg*
Gesellschaftliche Naturverhältnisse
ISBN 3-89691-693-9

Band 6 *Hanns Wienold*
Empirische Sozialforschung
ISBN 3-89691-694-7

Band 5 *Heinz Steinert*
Kulturindustrie 2. Auflage
ISBN 3-89691-695-5

Band 4 *Rainer Rotermundt*
Staat und Politik
ISBN 3-89691-696-3

Band 3 *Reinhart Kößler*
Entwicklung
ISBN 3-89691-697-1

Band 2 *Claus Rolshausen*
Macht und Herrschaft
ISBN 3-89691-698-X

Band 1 *Jürgen Ritsert*
Gerechtigkeit und Gleichheit
ISBN 3-89691-699-8

WESTFÄLISCHES DAMPFBOOT

15,30 € je Band
20,50 € je Doppelband

www.dampfboot-verlag.de

Kritische Theorie und Kulturforschung

herausgegeben von Ursula Apitzsch,
Alex Demirović und Heinz Steinert

Band 7
Christine Resch/
Heinz Steinert
Die Widerständigkeit der Kunst
Entwurf einer Interaktions-Ästhetik
2003 – 217 Seiten – € 24,80
ISBN 3-89691-707-2

Band 6
Ursula Apitzsch/
Mechtild Jansen (Hrsg.)
Migration, Biographie und Geschlechterverhältnisse
2003 – 176 Seiten – € 19,90
ISBN 3-89691-706-4

Band 5
Kerstin Rathgeb
Helden wider Willen
Frankfurter Swing-Jugend – Verfolgung und Idealisierung
2001 – 231 Seiten – € 19,90
ISBN 3-89691-705-6

Band 4
Gottfried Oy
Die Gemeinschaft der Lüge
Medien- und Öffentlichkeitskritik sozialer Bewegungen in der Bundesrepublik
2001 – 296 Seiten – € 24,80
ISBN 3-89691-704-8

Band 3
Christian Schneider/
Cordelia Stillke/
Bernd Leineweber
Trauma und Kritik
Zur Generationen-geschichte der Kritischen Theorie
2000 – 227 Seiten – € 24,80
ISBN 3-89691-703-X

Band 2
Tomke Böhnisch
Gattinnen – Die Frauen der Elite
1999 – 263 Seiten– € 24,80
ISBN 3-89691-702-1

WESTFÄLISCHES DAMPFBOOT
Hafenweg 26a · 48155 Münster · Telefon 0251-3900480
Fax 0251-39004850 · e-mail: info@dampfboot-verlag.de
http://www.dampfboot-verlag.de